WORLD'S PRESTIGE HOTELS

Photo by Gianni Hiruga

Foreword

"本物に嘘は無い"。私がフォーラムの講演や大学の講義でよく口にする言葉です。これをホテルのフィールドに置き換えると"一流のホテルに嘘は無い"と言うことができる。それでは、この「一流ホテル」とはどのようなホテルであろうか？

その国、その都市を代表する名門と言われるホテルは、永く培ってきたその土地の風土、歴史、文化、芸術を具現化している。凛とした制服のドアマンに案内され館内に入ると、そこに広がるエントランスホールの眩い空間に思わず魅入ってしまう。ジャック・ガルシアやピエール・イヴ・ロションら巨匠たちによって創作されたデザインにより夢の世界にいざなわれる。ホテルは文化そのものであり、連綿とした歴史を背景に持った総合芸術を担う存在でもある。さあ、ドアが開かれ非日常の世界がこれから始まる。ホテルはゲストを主人公にする舞台装置とも言えよう。

多様な文化を受け継いできたサヴォイやジョルジュサンクなど欧米の名門と呼ばれるホテルは華やかな社交の場でもある。ホテルを楽しむ文化がまだ浅い日本とは違い、それらのホテルが持つ圧倒的存在感に一瞬戸惑うかも知れない。しかし、一度でも一流と言われるホテルに滞在すれば、各国のセレブリティーの生活観、文化・芸術の享受の仕方、さり気ないチップの受け渡しなど、スマートな立ち振る舞いが身に付き、その体験から得るものは必ずや貴重な財産となるはずです。

お蔭さまで、2年前の写真集『World's Leading Hotels』に引き続き、今回の『World's Prestige Hotels "世界の名門ホテル"』の発刊に繋げる事ができました。本写真集は前回と同じく、ヨーロッパ、アメリカそしてアジアから、私が訪問した12のホテルを厳選して掲載しております。私個人の名門ホテルへの憧憬の念とプロに徹したホテルジャーナリストとしての熱き情熱が込められたものと確信しております。最後に、㈱オータパブリケイションズ社長の太田進氏をはじめ、専務取締役の村上実氏の多大なるご尽力をいただきました。ここに皆様方の変わらぬご支援、ご協力に対し私の感謝の言葉といたします。

小原康裕

ホテルジャーナリスト
SKAL International Tokyo 会員
JHRCA 日本ホテルレストランコンサルタント協会 理事

"No lie in the truth". That is what I often refer to in my speech at the conference or lectures at the university. In another word in the hotel business this would be "No lie in the first class hotel". So what does the first class hotel mean? The flagship hotel in a city or a country has materialized the tradition, history, culture and art which have been cultivated in decades in the respective places. When you step into the hotel lobby led by a doorman in a neat uniform with gold blades you will be enchanted by the glittering air in the vast entrance hall and led to the another world created by the prestigious designers like Jacques Garcia or Pierre-Yves Rochon. The hotel has its own culture and has been fertilized in the mixture of multiple arts with its long history. Once a guest steps into the hotel, he will be led to another world where he would be an actor in a big stage prepared by the hotel.

The hotels in Europe like Savoy and George V have been enjoyed as a place of social life by the celebrities. At these hotels you might be astonished by the atmosphere surrounded by the various paintings and furniture. In Japan we don't enjoy the hotel in that way. I believe if you stay at one of those prestigious hotels, you could notice the difference by watching other guests, i.e. their lifestyle, the way of enjoying their stay at the hotel, smart tipping without hesitation, etc.

It has been two years since I published my first photo book "World's Leading Hotels". Now here comes my second book "World's Prestige Hotels" which also covers 12 hotels in Europe, North America and Asia. I am quite confident that this book is filled with my professional view and passion as a hotel journalist. Lastly I appreciate Mr. Susumu Ohta, CEO of Ohta Publications and its Senior Managing Director, Mr. Minoru Murakami for their support and hard work to make my second book. I also would like to thank my friends and readers for their continued support.

Yasuhiro Obara

Hotel Journalist
Member of SKAL International Tokyo
Director of JHRCA, Japan Hotel and Restaurant Consultant Association

WORLD'S PRESTIGE HOTELS

006
Cliveden *London*

016
Four Seasons Hotel George V *Paris*

026
Villa d'Este *Lake Como*

036
Hotel Danieli, a Luxury Collection Hotel

046
The Dolder Grand *Zürich*

056
Domaine Les Crayères *Reims*

066
InterContinental Amstel *Amsterdam*

076
Mandarin Oriental, New York *New York*

086
Wheatleigh *Lenox*

094
Fairmont Le Château Frontenac *Ville*

102
Amanjiwo *Jogjakarta*

112
The Majestic Hotel *Kuala Lump*

Cliveden
House & Spa

Cliveden House is a privately owned 5 Red Star award-winning hotel, and sister to the world-renowned Chewton Glen Hotel & Spa in Hampshire.

Our story is one of over 350 years of powerful personalities, debaucherous parties and scandalous affairs.

Built in 1666 by the 2nd Duke of Buckingham, as a gift to his mistress, Cliveden House has remained a pinnacle of intrigue and glamour for the elite.

Enriched with antique furniture and period features, it has stayed true to its roots whilst also providing a luxurious setting to rest, meet and play.

Now, our Grade I stately home set upon 376 acres of National Trust grounds is a luxurious five-star hotel, ready and waiting to welcome you in.

Cliveden House & Spa
Taplow, Berkshire, England SL6 0JF
Res: + 44 1628 60710
http://www.clivedenhouse.co.uk

第二代バッキンガム公爵以後、そこに居を構えた代々の君主や妃たちの
肖像画が掲げられている重厚なステアケース

Cliveden House & Spa

　テムズ川上流、麗しき田園風景が広がるバークシャーの地に威風堂々とした大邸宅のホテルが建っている。ホテルの名は「Cliveden」。イギリス王室ゆかりの名門ホテルである。ホテルの歴史は第二代バッキンガム公爵が 1666 年に建てた宮殿に遡る。以後、代々の君主たちがここに居を構え、イギリス王室の別邸とも呼ばれる歴史的な館であった。やがて時は移り、1906 年に世界屈指の資産家であったアメリカのアスター家に所有権は移る。ナンシー・アスターのサロンの場となったクリヴデンは栄華を極め、英国ロイヤルファミリーや英国首相チャーチルなど多数が招待されている。ちなみに、彼女は "Lady Astor" と呼ばれた社交界の華で、「St. Regis」を創設した J・ジェイコブ四世の母親であり、「Waldorf Astoria」に連なる家系である。

　現在の建物は、過去二度による焼失の後、1851 年にサザーランド公爵の邸宅として建てられたもので、建築にはウェストミンスター宮殿（現英国国会議事堂）の建築家であるチャールズ・バリーが携わっている。1942 年、アスター家はクリヴデンを英国ナショナルトラストに寄贈する。以後、376 エーカーに及ぶ広大な土地はトラストに管理され美しい庭園が見事に保持されている。85 年からは最高級マナーホテルとして運営され、現在は Relais & Chateaux 加盟のフラッグシップホテルとなっている。

　ベルキャプテンに案内され、館内に足を一歩踏み入れると歴史の重さが伝わる「Great Hall」に目を奪われる。筆者にアサインされた部屋は、首相にもなった George Canning にちなんだデラックス・スイートの「Canning」。ファイアーピースや天蓋付きのベッドなどエレガントな部屋だ。各部屋は客室番号の代わりに各界の著名人の名が記され 39 室ある。ミシュラン・スターシェフの Andre Garrett 氏が率いる「Andre Garrett at Cliveden」は館の中心にあり、広大なガーデンを望む気品あるメインダイニングだ。レストランに隣接して「The Library」、「The French Dining Room」、「The Boudoir and Tote Room」など麗しきサロンを用意してゲストの要望に応えている。専用スパ「The Pavilion Spa」は別棟にあり、屋外・屋内の二つのプールで楽しめる。

　ホテル前面にある広大なフォーマルガーデンはテムズ川を眼下に視界が開け、空中庭園のような素晴らしいロケーションを誇る。なだらかに広がる緑の芝生が気持ちよく、テラスにつづく壮麗なシンメトリーの階段には大きなマグノリアの花が咲き、甘美な香りを漂わせている。クリヴデンは大英帝国の残照が漂う貴重な名門ホテルと言えよう。

連綿と受け継がれた伝統を感じさせる豪壮なロビーラウンジ「Great Hall」。ここはイギリス王室ゆかりの名門ホテルである

① 「Great Hall」は17世紀のアンティークに彩られた歴史的にも貴重な空間である
② 「Great Hall」エントランスにあるパーソナルなレセプションデスク
③ 少人数のパーティーやプライベートな会談用に用意されたサロン「The Tote」
④ メインダイニングに隣接して用意されたライブラリー「The Library」。ここで、ゆったりとした時の流れに身を任すのも一興だ

10　Cliveden House & Spa

"鏡の間"を彷彿させる壮麗なサロン「The French Dining Room」

首相にも就任したGeorge Canning氏にちなんだデラックス・スイートの「Canning」。ファイアーピースや天蓋付きのベッドなどエレガントな佇まいの部屋だ

12 Cliveden House & Spa

①クリヴデンの各部屋は客室番号の代わりに各界の著名人の名が記されている
②出窓からはクリヴデンの広大な庭園が見晴らせる
③ゲスト専用スパ「The Pavilion Spa」は芝生の別棟にあり、屋外・屋内の2つのプールで楽しめる
④テムズ川上流、麗しき田園風景が広がるバークシャーの地に威風堂々として建つ大邸宅のホテル「Cliveden」

威厳を保ち、且つフレンドリーな対応で評価が高いレストランスタッフたち

ミシュラン・スターシェフの Andre Garrett 氏が率いるレストラン「Andre Garrett at Cliveden」は館の中心にあり、広大なガーデンを望む気品あるメインダイニングである

14　Cliveden House & Spa

かつて館の主であった Lady Astor のシッティングルームであったため、
フェミニンな雰囲気が残るサロン「The Boudoir」

15

Four Seasons Hotel
George V
Paris

Whatever brings you to Paris—the illustrious art and fashion, the charming café culture, or the refined cuisine—the key to discovering the City of Light is to experience the destination as locals do. Through a number of exclusive offerings from Four Seasons Hotel George V, Paris, your journey to become a vrai Parisien extends from a sunrise jog past the Eiffel Tower to a celebratory cruise along the River Seine at dusk. Under the wing of a Michelin-starred chef, journey to the centre of a vibrant French market, where you'll sample fresh ingredients from colourful stalls and gain insight into preparing French cuisine. Where to begin? Arrive at the Hotel, set in the very heart of the city, and leave the details to the expert staff who will ensure that you discover, celebrate and taste the very best that Paris has to offer.

Four Seasons Hotel George V Paris
31 Avenue George V, 75008 Paris, France
TEL. +33 1 49 52 70 00
http://www.fourseasons.com/paris/

「George V」ロゴマークが際立つ正面エントランスに立つドアマン

18　*Four Seasons Hotel George V Paris*

　パリの数あるホテルの中で揺るぎない王道を行くホテルが「Four Seasons Hotel George V, Paris」である。パリのエレガンスを象徴しているかのようなホテルだが、ネーミングは英国王"ジョージ5世"であり、建物を建てたのはアメリカ人という変わり種。しかし完成後はフランス人のフランソワ・デュプレーが買収し、あらゆる情熱を注いで最もフランス的なホテルに育て上げた。館内がノーブルな雰囲気に包まれているのは、至る所に配置された美術品のためで、第一級の絵画、タペストリーなどを鑑賞できる。ジョルジュサンクは美術館そのものであり、この空間にさりげなく接するぜいたくは、また格別のものと言えよう。

　前身は1928年に完成した8階建ての美しいアールデコ様式のホテル「George V」で、歴史的建造物に指定されている。1999年にフォーシーズンズの傘下に入り、3年間に及ぶ全面改装を経てリニューアルオープンした。修復された18世紀のタペストリーや華麗なアートコレクション、ホテル内を鮮やかに彩るフラワーアレンジメントなどがパリのエスプリを感じさせる上品な雰囲気を演出している。なお、ジョルジュサンクは2011年9月にフランス全体で9番目のホテルとして「PALACE」に認定された。

　ジョルジュサンクはスイートを含めて全244室の魅力あふれる客室を用意している。筆者にアサインされた部屋は約60㎡の広さがある「Four Seasons Suite」で、気品あるスイートに付帯したテラスからパリの街並みが楽しめる。ホテルの中心に位置するのがゴージャスなラウンジ「La Galerie」で、ピアノの生演奏が入り至高の時間が流れる。手前には英国流の重厚なメインバー「Le Bar」があり、いちばん奥にメインダイニング「Le Cinq」を配置している。「Ledoyen」で采配を振るった3ツ星スターシェフの クリスチャン・ル・スケールが2014年に就任して、高い評価を得ている。一方、カジュアル感覚の「Le George」が新設され、地中海料理が人気だ。スパ施設「The SPA」はパリで最も洗練されたスパとして評価が高く、宮殿風のスイミングプールやフィットネスジムも充実している。

　ジョルジュサンクはシャンゼリゼ通りから一歩奥へ入った魅力的なロケーションで、客層が極めて良いことではパリ随一との定評がある。宿泊客一人当たりの従業員の数は一般の高級ホテルの3倍ともいわれ、リピーター客が多いのも納得で、真のホスピタリティを体感できる。日本人客には日本語の新聞や日本茶、そして浴衣まで用意される。「Le Cinq」では和朝食も可能という徹底ぶりがうれしい。

ピアノの生演奏が始まり、至高の時間が流れるラウンジ「La Galerie」

華麗な装飾に目を奪われるミシュラン３ツ星レストラン「Le Cinq」のレセプションホール

クリスチャン・ル・スケール氏の最高の料理を堪能できる「Le Cinq」のエレガントな店内

約60㎡の広さがある「Four Seasons Suite」のリビングルーム。付帯したテラスからパリの街並みが楽しめる

「Four Seasons Suite」ベッドルーム。日本人客には日本茶や浴衣が用意される

22　*Four Seasons Hotel George V Paris*

①スパ施設「The SPA」のパウダールーム。パリで最も洗練されたスパとして評価が高い
②「The SPA」内にある貴族趣味のトロンプルイユ（だまし絵）が映えるスイミングプール
③正統派の英国スタイルを貫く重厚なメインバー「Le Bar」
④エレベーター前のフレンドリーなホテルスタッフ

正装したドアマンがゲストを迎え入れる「Four Seasons Hotel George V, Paris」の正面エントランス車寄せ

威厳さえ感じさせる雰囲気の漂うコンシェルジュデスク

24　*Four Seasons Hotel George V Paris*

三色旗がたなびく、美しくライトアップされたジョルジュサンクの夜景

中庭に用意されたシャンデリアが煌めくゴージャスなカバナ

Villa d'Este
Lake Como

Villa d'Este, a former 16th century princely residence, surrounded by a 25 acre park, is more than just a hotel. The luxury and magnificence of a bygone era is maintained intact. We simply added all the up-to-date amenities. Upon emerging from the revolving doors you feel the cares of the modern world slip away and the warm greetings of the staff make you feel at home.

The design of the lower part of the gardens is from the Renaissance period. The most outstanding landmark is the 16th century Mosaic with its Nympheum. Apart from the topiary hedges and the bushes of bamboo, azaleas, camellias, oleanders, rhododendrons, hydrangeas, there are roses and jasmine bushes. The trees range from chestnut, magnolia, oleafragrans, wisteria, palm, cypress, pine, ilex, privet, mediar to many others.

Villa d'Este
Via Regina, 40, 22012 Cernobbio CO, Italy
TEL. +39 031 3481
http://www.villadeste.com

1568年に枢機卿トロメオ・ガリオの夏の離宮として整備されたのが「Villa d'Este」の起源である。現在、建物は国の重要文化財に指定され、世界各国のセレブリティーを顧客に持つ

28　*Villa d'Este*

　ミラノの北部、スイスの国境に近い位置にイタリアが世界に誇る避暑地のコモ湖「Lago di Como」がある。コモ湖の避暑地としての歴史はローマ時代に遡り、邸宅（ヴィラ）と呼ばれる別荘が周囲に点在する。その中でとりわけ壮麗な邸宅がヴィラ デステ「Villa d'Este」である。もともとコモ司教の命により修道院として建てられたが、1568年に枢機卿トロメオ・ガリオの夏の離宮として整備されたのがこのホテルの起源である。現在、建物は国の重要文化財に指定され、LHW加盟のホテルとして世界各国のセレブリティーたちから絶大な人気を得ている。

　ヴィラ デステは、コモ湖の長い歴史の中で多くの著名な人々もその足跡を残した。1815年にはイギリス国王皇太子、後の国王ジョージ四世の王妃であるキャロライン・アメリア・エリザベス「Caroline Amelia Elizabeth」の邸宅となる。国王に疎まれ"薄幸の英国王妃"と言われたキャロラインは、ここをいたく気に入り自身の安息所としてこよなく愛した。そして、この邸宅をローマ近郊にある有名な「Villa d'Este in Tivoli」から影響され、"新エステ荘「Nuova Villa d'Este」と改名する。時は流れ1873年、邸宅は買収されリュクスなホテルとして生まれ変わったが、そのまま「Villa d'Este」が現在のホテル名になっている。

　ヴィラ デステの正門から湖畔の長いアプローチを進むと、16世紀から存在する「Cardinal」棟とイギリス国王妃の別荘であった「Queen's Pavilion」棟が広大な敷地内に優雅に佇んでいる。背後には山腹から流れ出るネオ・ルネッサンス様式の階段噴水とモザイク・ファサードがまるで絵葉書のように存在している。客室数はスイートを含め全152室あり、筆者にアサインされた部屋は「Double Deluxe Superior Lake View」で、約50㎡の広さを持つ湖に面したエレガントな客室だ。メインダイニング「Veranda」は庭園のモザイク・ファサードを眺める華麗な造りで、他に「Grill」、バー「Bar Canova」がある。スパ「Villa d'Este Beauty Center」は究極のリラクゼーションを提供し、湖に浮かぶ「Floating Pool」では大自然の中で泳ぎを楽しめる。

　ヴィラ デステは、ホテルに改装されてからゆうに一世紀以上が経つ。コモ湖には近年、ヨーロッパの各国王室や富豪、映画スター、芸術家らによって湖畔に壮大で瀟洒な別荘が競うように建てられている。また、往年のフランス映画「舞踏会の手帳」では夢のように美しい風景とホテルが旅情を演出している。ヴィラ デステは、ゲストをそんな夢の舞台に誘ってくれる麗しきホテルと言えよう。

2階回廊から俯瞰したエントランスホール。クラシカルなステアケース階下にコンシェルジュデスクがある
30　Villa d'Este

メインダイニング「Veranda」は庭園のモザイク・ファサードを眺める華麗な造りだ

①約50㎡の広さを持つ「Double Deluxe Superior Lake View」のベッドルームからリビング方向を望む
②湖に面したエレガントな客室で、王妃キャロラインの残り香さえ感じられるフェミニンな雰囲気だ
③ドレープカーテンとタッセルが映えるリビングルーム
④コーナーに置かれたクラシカルなライティングデスク

32　Villa d'Este

①美しいコモ湖の水面に張り出したフローティングプール
②夏季の「Veranda」はテラス席を設けているが、ドレスコードは厳格に守られている
③本館「Cardinal」棟の中心を貫く回廊。非の打ちどころがない品格が漂う空間だ
④エントランスホール正面に配置されたコモ湖の見えるラウンジ

庭園モザイク・ファサードの背後にあって、山腹から流れ落ちるネオ・ルネッサンス様式の階段噴水

山腹に至る階段噴水の遊歩道からは絵葉書の様なコモ湖の姿が広がる

端正な佇まいの「Villa d'Este」正面ファサード。シンメトリックな美しさが映える

Hotel Danieli
A Luxury Collection Hotel, Venice

A patrimony of Venetian excellence. With its heritage setting on Riva degli Schiavoni, Hotel Danieli dominates the Venetian lagoon steps away from the Bridge of Sighs and the famous monuments of Piazza San Marco.

Essential to the Danieli experience is its rooftop Restaurant Terrazza Danieli with its spectacular views of the Grand Canal. The palatial atmosphere of the hotel and its suites and rooms, house a rich collection of precious art and antiques that play witness to the city's history, artfully blended with contemporary comforts to indulge the wishes of cultured global travelers.

Hotel Danieli, a Luxury Collection Hotel, Venice
Sestiere Castello, 4196, 30122 Venezia, ITALY
TEL. +39 041 522 6480
http://www.danielihotelvenice.com/

「Hotel Danieli」の壮麗なロビー空間。ベネチア共和国の最盛期だった14世紀に建てられた旧ダンドロ家の宮殿「パラッツォ・ダンドロ」をホテルにしたものである

38　*Hotel Danieli*

　ベニスを代表するホテル「Hotel Daniel」は、ベネチア共和国の最盛期だった14世紀に建てられた旧ダンドロ家の宮殿「パラッツォ・ダンドロ」をホテルにしたものである。宮殿が完成した当時、その卓越したゴシック建築とラグーンを見渡す恵まれた立地から、"ベニスで最も高貴な宮殿"と称えられた。幾多の変遷を経て、1822年にジョゼッペ・ダル・ニエルがこの宮殿の一部を借り受け、ホテルに改装。彼のニックネームをとって"ダニエリ"「DANIELI」と名付けられた。彼は少しずつ宮殿の土地を買い集め、最終的に宮殿すべての所有権を手にした。現在は、スターウッド傘下である「Luxury Collection」ブランドの重要なフラッグシップホテルとなっている。

　華麗な歴史を持つ貴族ダンドロ家は当時4人をベニスの総督に輩出して栄華を極めた。現在のダニエリは3棟の宮殿から成り、中心はパラッツォ・ダンドロの館で、ほかにカサノヴァ、エクセルシオールの館がある。アンティークを惜しげもなく飾った豪華な内装、技巧を凝らしたムラーノガラス、繊細に織り込んだタペストリーなど当時のベニスの芳醇な伝統を感じさせる。この気品漂う空間演出は、名門ホテルの内装を多く手掛けている建築家、ジャック・ガルシアにより改装されたものと聞けば納得するであろう。

　ホテル ダニエリはスイートを含め全215室のゲストルームを3棟の宮殿に擁している。いかにもベニスらしいホテル専用の船着場から館内に一歩足を踏み入れると、深紅のカーペットを敷いた階段と壮麗な柱が並ぶロビーに目を奪われる。筆者にアサインされた部屋は、パラッツォ・ダンドロの館にある「Executive Suite」で、約50㎡の広さがありベランダからは美しいラグーンを望める。メインダイニング「Restaurant Terrazza Danieli」はエクセルシオールのルーフトップに位置し、ラグーン対岸の「サン・ジョルジョ・マッジョーレ教会」を眺めながらの食事はお勧めだ。ラウンジに隣接した「Bar Dandolo」では、夕刻からピアノ生演奏が入り優雅な時間を楽しめる。ロビー周辺のパブリックスペースは中世の栄華を極めた時代をしのばせる印象的な光景で、ゆっくりと堪能していただきたい。

　ベニスは中世貴族たちの夢の跡。壮大なサン・マルコ広場の景観とドゥカーレ宮殿の荘厳な佇まいは、多くの映画のワンシーンとして登場している。そのお膝元に建つホテル ダニエリでの滞在は、どこか貴族の宮殿に迷い込んだ錯覚に陥る。ここはベネチアの栄華を今日に伝える、世界で最も貴重なホテルの一つに数えられよう。

①「Hotel Danieli」ダンドロ宮殿の正面ファサード。個性的な丸十字の飾り窓が人々の目をひく
②ロビー周辺は中世の栄華を極めた時代をしのばせる印象的な光景だ
③贅沢なホテル専用の船着場が用意されており、ゲストはホテル館内に直接入れる
④クラシカルな赤い房の付いた鍵が印象的なコンシェルジュデスク

40　Hotel Danieli

中世ベニスの芳醇な伝統を感じさせる2階にある「控えの間」の気品漂う空間

中心となるパラッツォ・ダンドロの館にある「Executive Suite」のベッドルーム。約50㎡の広さがありベランダからは美しいラグーンを望める

42 Hotel Danieli

①「Executive Suite」の優雅なリビングルーム
②ベッドルームにさりげなく置かれた年代物の箪笥と化粧机
③メインダイニング「Restaurant Terrazza Danieli」のエントランス
④「Restaurant Terrazza Danieli」では、素晴らしいベネチアの風景を眺めながら食事を堪能できる

あまりにも有名な「Hotel Danieli」ダンドロ宮殿の目の覚める様なステアケース

Hotel Danieli

館内の光景は、タイムスリップして中世の貴族の宮殿に迷い込んだ錯覚に陥る

The Dolder Grand

Dreaming in the city
The perfect setting for a stay you will never forget – in beautiful natural surroundings and with a fantastic view out over Zurich. Our City Resort on the edge of the Adlisberg forest, just a few minutes from the city centre, is a real oasis of serenity.

Where the best views are guaranteed
Unpack, unwind, and enjoy understated luxury: the generous junior suites at the Dolder Grand offer plenty of space, stylish interiors with a classic or modern design and spectacular views.

The Dolder Grand
Kurhausstrasse 65, 8032 Zürich, Swiss
TEL +41 44 456 60 00
https://www.thedoldergrand.com/

ノーマン・フォスター卿が建築設計した新館の優美な曲線がクラシカルな本館をぐるりと取り囲んでいる

正面エントランス車寄せ。クラシカルな本館建物に近未来的なデザインのキャノピーが不思議とマッチする

　スイス連邦屈指の名門ホテルで、チューリヒの街と湖を見下ろす高台に建つ壮麗なホテルが「The Dolder Grand」である。1899年にラグジュアリーなクアハウスリゾートとして創業してから長い伝統を誇る、チューリヒを代表するランドマークホテルだ。森に囲まれた高級住宅街の閑静なロケーションに、多くの塔を昔のままに残した古城を思わせるクラシカルな本館と、スタイリッシュなデザイン構成の新館から成るホテルは威風堂々とそびえ立っている。

　ドルダーグランドは2004年からホテルをクローズし、4年もの歳月をかけて大規模な改修工事を施した後、08年4月にグランドオープンを迎えた。建築設計を担当したのは、プリツカー賞を受賞した英国人のノーマン・フォスター卿が率いる「Foster+Partners」。あのシンガポール・セントーサ島の「Capella」を担当し、曲線の魔術師と言われる著名な建築家だ。新館を構成する優美な曲線がクラシカルな本館をぐるりと取り囲んでいる。また、本館メイン棟は創業当時の古典的な外観や繊細な内装のディテールなど可能な限り保存し、完全リニューアルを果たした。

　ドルダーグランドはスイートを含め全176室のゲストルームを擁し、まるで物語に出て来る様な古城をイメージさせる本館建物が印象的だ。館内は伝統とモダンを調和させた気品あるインテリアで、新館とを結ぶ回廊は洗練されたアート感覚が魅力である。筆者にアサインされた部屋は、本館中央に位置したスイート「Suite Deluxe」で、約100㎡の広さを持ちバルコニーからは広大なゴルフコースと遠くチューリッヒ湖が見渡せる。メインダイニング「The Restaurant」は、名画が飾られた雰囲気の中、本格的フランス料理を堪能できるミシュラン2ツ星のレストランである。オールディダイニング「Garden Restaurant」は、チューリヒの街を望めるテラス席がお勧めだ。また、ヒーリングスポットとして有名なセドナを拠点に活躍するシルヴィア・セピーリ女史が担当したスパ「Dolder Grand Spa」は、欧州と日本のスパ要素を取り入れた独自のスタイルで、総面積4000㎡というゴージャスな施設である。

　驚くかもしれないが、ドルダーグランドは専用のケーブル軌道を保有し山麓とホテルのある高台を結んでいる。広大な敷地に伝統の本館とスタイリッシュな新館が融合されたホテルは実に機能的で美しい。100年以上前の建物を徹底的に修復し、近未来的な新館を何の違和感なく増設して現代のニーズに適合させる。まさに日本のホテルリニューアル事業に大きなヒントを与える贅沢な提言と言える。

まるで物語に出て来る様な古城をイメージさせる「The Dolder Grand」の正面ファサード。
スイス連邦屈指の名門ホテルで、チューリヒの街と湖を見下ろす高台に建つランドマークホテルである

ヒーリングスポットとして有名なセドナを拠点に活躍するシルヴィア・セピーリ女史が担当した「Dolder Grand Spa」の優雅なスイミングプール

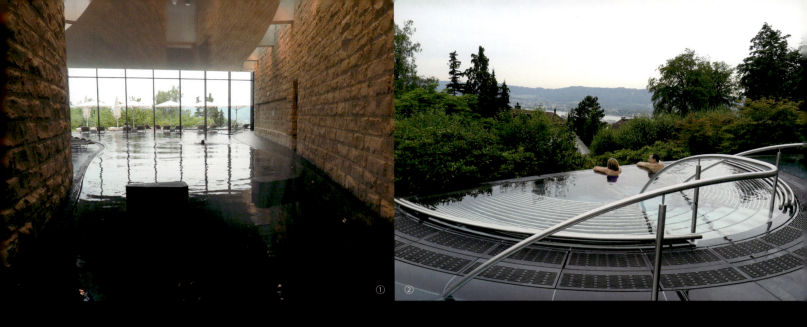

①スイミングプール全体にフォスター卿の曲線が活かされている
②オープンエアのジャグジーからは遠くチューリヒ湖が望める
③本館から新館を結ぶ曲線の回廊は展示品が並び、洗練されたアート感覚が魅力である
④驚くかもしれないが、ドルダーグランドは専用のケーブル軌道を保有し山麓とホテルのある高台を結んでいる

本館中央に位置する「Suite Deluxe」のリビングルーム。約 100㎡以上の広さがあり、なんともエレガントな佇まいである

①大型でモダンなライティングデスクはIT関連の装備も万全だ
②アーバンコンテンポラリーデザインのベッドルーム
③外に張り出したバルコニーには上品な籐製のテーブルセットを用意している
④広い面積を確保したスタイリッシュなバスルーム

「The Dolder Grand」本館の壮麗なエントランスホール。創業当時の古典的な外観や繊細な内装のディテールなど可能な限り保存している

伝統とモダンを調和させた気品あるインテリアで統一したロビーラウンジ

54　*The Dolder Grand*

メインダイニング「The Restaurant」のエントランス。本格的フランス料理を堪能できるミシュラン2ツ星のレストラン

「The Restaurant」内の個室。店内は多くの貴重な名画が飾られている

Domaine Les Crayères

Domaine Les Crayères – a Relais & Châteaux association member and the Gardinier family's property – has repeatedly elicited praise from world-class newspapers and magazines. The 20 rooms and en-suites are tastefully decorated and radiate France's hallmark brand of classical style.

This house, which was once the de Polignac family's home, has been likened to a treasure chest, and has been a tribute to comfort and class, since 1904. Interior architect Pierre-Yves Rochon has entirely restored it, reviving and modernising its distinctive 'Château' class from every perspective, and steeped it in sophisticated, subtly tantalising, panache.

Domaine Les Crayères
64 Boulevard Henry Vasnier, 51100, Reims, France
TEL. +33(0)3 26 24 90 00
http://www.lescrayeres.com/

「Domaine Les Crayères」のテラスから望む広大な美しき庭園。まるで一幅の絵画の様な風景が広がる

Domaine Les Crayères

　シャンパンの故郷であるシャンパーニュ地方のランス。そこに広大な敷地を有し優雅な姿で佇む白亜の館がある。ランスのランドマークであり、いまや伝説的ホテルと知られるシャトー"レ クレイエール"「Domaine Les Crayères」である。長い間、「Boyer Les Crayères」と呼ばれて来たシャトーは、代々ボワイエ家が受け継ぎ、長年ミシュラン3ツ星を維持して、地元では「ボワイエ」の名前で親しまれていた。数年前にボワイエ家のジェラール氏が惜しまれつつ引退し、現在はポメリー家の直系、ギャルディエニ氏率いる"Gardinier Family"が新しくオーナーに就任している。現在は Relais & Chateaux の旗艦ホテルでもある。

　レ クレイエールの歴史は、1875年に大手シャンパンメゾン「Pommery」のオーナー、マダム・ポメリーが愛娘のルイーズの婚礼のためにこの敷地を購入し、建設したシャトーに遡る。このホテルは日本の帝国ホテルとの関係が深く、ジェラール氏に師事したティエリー・ヴォワザンが「レ・セゾン」のシェフを務めている。また、「ル ムーリス」でヤニック・アレノ氏の下でスーシェフを務めた現シェフのフィリップ・ミルは、今年開催された帝国ホテルの"レ クレイエールウィーク"に招かれている。

　レ クレイエールはスイートを含めて全20室のシャトー・スタイルのホテルだ。1904年以降、インテリアは大御所ピエール・イヴ・ロションの手により改装されている。筆者にアサインされた部屋は、真紅の壁紙で意匠された Jr. スイートで、建物中央に位置するため美しい庭園を真正面に望むことができる。暫くすると正装したソムリエが部屋を訪れ、ウェルカムシャンパンを注いでくれる。メインダイニング「Le Parc」はホテルの白眉であり、絢爛豪華な装飾を施した店内は思わず溜息が出るくらいだ。建物反対側には重厚なメインバー「La Rotonde」があり、庭園に突き出した形でエレガントなラウンジを用意している。他方、美しい森の庭園を歩いて行くと戸建て感覚のブラッスリー「Le Jardin」が見えてくる。

　レ クレイエールはボワイエの後、一時期ミシュランの星を失ったが、現シェフのフィリップになってから盛り返し、2012年に2ツ星を獲得し、かつての隆盛が戻って来た。ランスには Krug や Ruinart、Louis Roderer などキラ星のごとく著名なシャンパンメゾンが並び、歴代フランス王の戴冠式が行われた世界遺産のノートルダム大聖堂など見所満載の美しい街だ。そんなランスの"伝説の館"でシャンパンと美食に酔いしれるのも一興であろう。

①長いエントランスアプローチを進むとシャトースタイルの麗しき館が見えてくる
②エントランスホールで出迎える笑顔のホテルスタッフたち
③肖像画が掲げられた白亜のステアケース
④2階回廊から俯瞰するエントランスホール

Domaine Les Crayères

①真紅の壁紙で意匠された Jr. スイートは女性的で優雅な雰囲気だ
②建物中央に位置するためテラスから美しい庭園を真正面に望める
③部屋は約 50㎡の広さがあり、バスルームを含めて 3 か所の開口部から清々しい風が入ってくる
④暫くすると正装したバトラーが部屋を訪れ、ウェルカムシャンパンを注いでくれる

シャンパーニュ地方の中心ランス。そこに広大な敷地を有し優雅な姿で佇む白亜の館がある。
ランスのランドマークでもある"レ クレイエール"「Domaine Les Crayères」

ラウンジ側から見た重厚なメインバー「La Rotonde」　　　　「La Rotonde」の奥に用意されたエレガントなガーデンラウンジ

Domaine Les Crayères

メインダイニング「Le Parc」はホテルの中心にあり2区画に分かれている。写真は中央ダイニングのブレックファスト風景

ガーデン側から見て右手を占めるもう1区画の「Le Parc」。絢爛豪華な装飾を施した店内は思わず溜息が出るくらいだ

ガーデン側に突き出た位置に用意された「Le Parc」の特別席

INTERCONTINENTAL AMSTEL AMSTERDAM

THE GRAND DUTCH RESIDENCE, EMBRACING THE CHARM AND HERITAGE OF THE CITY

Since opening in 1867, this luxury Amsterdam hotel has been revered around the world for its palatial grandeur and residential warmth. Noteworthy features include the Michelin-starred restaurant La Rive overlooking Amstel River, crystal chandeliers hanging in the Amstel Lounge, and a 15 metre heated indoor pool. This landmark hotel is ideally located where the financial, cultural and shopping districts converge, and is within walking distance of the Van Gogh Museum and the Royal Carré Theatre.

INTERCONTINENTAL AMSTEL AMSTERDAM
Amsterdam , 1018 GX , Netherlands (Holland)
TEL. +31-20-6226060
http://www.ihg.com/intercontinental/hotels/gb/en/amsterdam/amsha/hoteldetail?cm_mmc=GoogleMaps-_-ic-_-NLEN-_-amsha#scmisc=nav_hoteldetail_ic

2階回廊から俯瞰したエントランスホール。上階へと続く華麗なステアケースはまさに宮殿の趣がある。
「Amstel Hotel」は1867年にオランダ初の"グランドホテル"として創業して以来、欧州の王侯貴族の定宿であった。

68   InterContinental Amstel Amsterdam

「Amstel Hotel」は1867年にオランダ初の"グランドホテル"として創業して以来、欧州の王侯貴族の定宿であった。世界中のセレブリティーを迎え、数々の受賞暦を誇るオランダ随一の権威と風格を持つホテルである。ホテルの正面玄関を入り、吹き抜けのロビーから上階へと続く壮麗なステアケースはまさに宮殿の趣がある。これが有名な"女王の階段"で、先々代のユリアナ女王が銀婚式をこのホテルで催した際、この階段で公式記念写真を撮ったという。ホテルは2年間クローズして完全にノベーションを施した後、1992年に再オープンし、現在はIHG傘下の「InterContinental Amstel Amsterdam」の名称である。

　アムステルダムの語源はアムステル川を堰き止めたダムに由来し、ホテルはそのアムステル川のゆったりした流れに威容を映している。オランダ王室や政府要人の利用も多いため、館内の装飾はノーブルな空気に満ちているが決して派手ではないインテリアだ。このホテルはSamuel Sarphatiという医師で都市計画技師がオランダの誇りとして心血を注いで建てたものである。当初はもう1棟を連結したU字型を設計したが、最終的にアムステル川に沿ってI字型の小規模な"グランドホテル"に落ち着いた。館内には彼の功績を称えて銅像が鎮座している。

　アムステルホテルは24のスイートと55のエクゼクティブ客室を合わせ、僅か79室という贅沢な客室構成である。筆者にアサインされた部屋は約55㎡の広さを持つアムステル川に面した「Executive Suite River View」で、趣味の良いアンティーク家具が効果的に配されている。レストランは充実しており、シュラン2ツ星（現1ツ星）を持つ「La Rive」は格調高いメインダイニングで正統派のフランス料理を堪能できる。隣接する「Amstel Brasserie」は、カジュアルスタイルのブラッスリーだ。「Amstel Lounge」は華やかな雰囲気に包まれたラウンジで、地元のセレブでにぎわっている。スパ施設「The Health & Fitness Club」にはジム、トリートメント、サウナなどのほか、アムステル川に面して本格的スイミングプールも完備している。

　アムステルホテルは決して大規模ホテルではないが、「鏡の間」など壮麗なボールルームをいくつも擁しており、かつての宮殿ホテルの面影をしのばせてくれる。また、客室へと続く気品ある廊下は幅がかなり広いことに驚く。これはイブニングドレスを着た貴婦人たちがそぞろ歩いても、ドレスの裾が壁に当たらないよう配慮されたと言われる。昔日の栄光がいたる所で感じられる珠玉のホテルと言える。

①華やかな雰囲気に包まれたラウンジ「Amstel Lounge」は地元のセレブたちで終始賑わう
②風格あるコンシェルジュデスク。背後にゴッホの「ひまわり」を飾っている
③シュラン2ツ星（現1ツ星）を持つ「La Rive」は格調高いメインダイニングで、正統派のフランス料理を堪能できる
④ホテル中心に位置するラウンジ「Amstel Lounge」はオランダ国旗の赤青を意識したエレガントな空間だ

オランダ王室や政府要人の利用も多く、数々の受賞歴を誇るオランダ随一の権威と風格を持つホテルである

エグゼクティブスイート「Executive Suite River View」の気品あるベッドルーム

72　InterContinental Amstel Amsterdam

①約55㎡の広さを持つ「Executive Suite River View」はアムステル川に面し、趣味の良いアンティーク家具が効果的に配されている
②クラシカルなライティングデスクと書斎コーナー
③ゆったりとした客室玄関ホワイエ
④落ち着いたソファーセット

ホテルの正面玄関を入ると、天井も含め純白に装飾された壮麗な吹き抜けのエントランスホールに導かれる

74　InterContinental Amstel Amsterdam

有名な"女王の階段"。先々代のユリアナ女王が銀婚式をこのホテルで催した際、この階段で公式記念写真を撮ったという

MANDARIN ORIENTAL
NEW YORK

Offering a bird's eye view of the city, Mandarin Oriental, New York is a luxury hotel with a 5-star difference. Enjoying a stunning setting and beautiful views of Manhattan, we offer the ultimate in service, comfort and style.

High above the iconic New York skyline, relax in 5-star luxury at Mandarin Oriental, New York. Offering a celebrated restaurant and a world-renowned spa, the hotel offers the perfect base from which to explore the Big Apple.

Mandarin Oriental, New York
80 Columbus Circle at 60th Street, New York, New York 10023, USA
+1 (212) 805 8800
http://www.mandarinoriental.co.jp/newyork/

「Mandarin Oriental New York」は、セントラルパークの南西コーナーにあるアメリカ初の円形交差点
"コロンバス・サークル"「Columbus Circle」に位置する都会的で洗練されたラグジュアリーホテルだ

78   *Mandarin Oriental, New York*

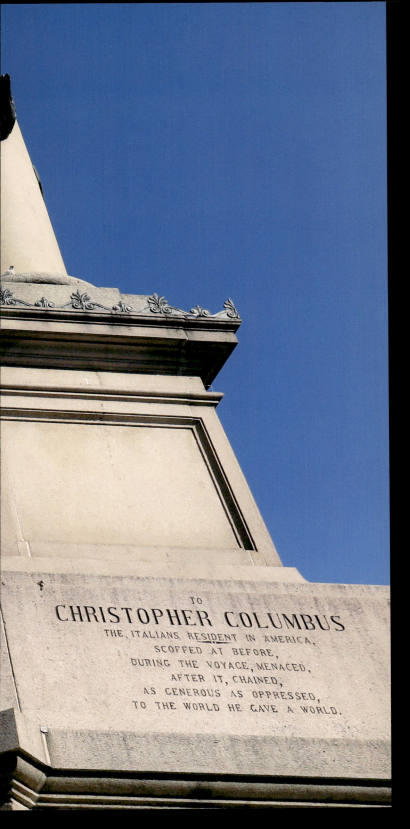

　ニューヨークで、今いちばん旬のホテルであろう。ホテル内のレストラン・バーは、スノッブなニューヨーカーでいつもにぎわっている。「Mandarin Oriental, New York」（以下、MO/NY）は、セントラルパークの南西コーナーにあるアメリカ初の円形交差点"コロンバス・サークル"「Columbus Circle」に位置する都会的で洗練されたラグジュアリーホテルだ。巨大コンプレックス「Time Warner Center」のノースタワー内にあり、35階から54階までがホテルとして占めている。客室は驚くほど現代的デザインと1940年代の趣を融合したエレガントなインテリアで、東洋趣味的な要素も多く採り入れられている。

　東インド会社を起源とする総合商社「Jardine Matheson」率いる"MOHG"「Mandarin Oriental Hotel Group」はアメリカ進出第1号であるMO/サンフランシスコ開業で大成功を収めた後、2003年に念願のNY進出を果たした。セントラルパークの南側はNYで最高の立地を誇り、ピエール、プラザ、リッツカールトン、エセックスなどキラ星のごとくNYを代表する高級ホテルが立ち並ぶ。そのどれもが重厚な歴史的建物であるのに対し、MO/NYの著しく現代的でスタイリッシュな姿はほかを凌駕するくらいだ。

　MO/NYは46室のスイートを含め全244室を擁し、1階玄関フロアから35階のレセプションロビーまで直通エレベーターを利用する。筆者にアサインされた部屋は76㎡の広さを誇るエレガントな内装のスイート「Central Park View Suite」で、床から天井までとられた広い窓からはセントラルパークとマンハッタンの摩天楼の景観を堪能できる。メインダイニング「Asiate」はアジアンテイストを加味したモダンアメリカ料理で、マンハッタン屈指の個性派レストランだ。35階はホテルの中枢機能を担い、「The Lobby Lounge」、「MObar」も隣接してある。スパ施設「The Spa at MO/NY」も同じフロアにあり、オリエンタルスタイルにNYの現代的なテイストで人気を博している。自然光をふんだんに取り入れたスイミングプールからはビル群の向こうにハドソン川も見渡せる。

　セントラルパークと5番街のコーナーの一等地に建つプラザがNYの伝統を引き継いだランドマークであるのに対し、セントラルパークとブロードウェイのコーナーにそびえ建つMO/NYは、躍動するNYの今を象徴した若きチャレンジャーであろう。今日ではセントラルパークが一望できるホテルは新しく建てる土地も当然ない。ここから望むNYの印象的な摩天楼の景観を充分に楽しんで頂きたい。

35階にあるエントランスホール。左手にコンシェルジュ、右手にレセプションデスクを置いてある

80　*Mandarin Oriental, New York*

いつも賑わいを見せる華やかな「The Lobby Lounge」。隣接する「MObar」と共にマンハッタンの景観が楽しめる

①エレガントな内装のスイート「Central Park View Suite」のベッドルーム。
　全体で 76㎡の広さを誇り、キングベッドの背後は全面バスルームという斬新なルームレイアウトだ
②ラウンドタイプの大型ソファーが印象的なリビングルーム
③背後に中国趣味の着物を飾ったレセプションデスク
④仏像や中国皇帝の服など陳列して東洋趣味を醸し出した 1 階エレベーターホール

82　Mandarin Oriental, New York

①床から天井までとられた広い窓からはセントラルパークと摩天楼の景観を堪能できる
②マンハッタンの圧倒的な摩天楼の景観
③メインダイニング「Asiate」の優雅なブレックファスト
④フィットネスセンター内にあるスイミングプール。ウェストサイドのビル群の向こうにハドソン川も見渡せる

83

巨大コンプレックス「Time Warner Center」のノースタワーにある「Mandarin Oriental, New York」の正面エントランス

84　*Mandarin Oriental, New York*

メインダイニング「Asiate」はアジアンテイストを加味したモダンアメリカン料理で、マンハッタン屈指の個性派レストランだ

WHEATLEIGH

Wheatleigh was built in 1893 by Henry H. Cook as a wedding present for his daughter, Georgie, who married Carlos de Heredia, a Spanish Count. Cook was a New York financier, banker, director of railroads and real estate tycoon. He was a descendant of Captain Thomas Cook, founder of Portsmouth, R.I., and the son of Constant Cook, who helped build the Erie Railroad. It is said that Cook built Wheatleigh as a "summer cottage" for his daughter because she had brought a title into the family.

For many years the largest portion of the 380 acres Wheatleigh estate was used as a working farm. The Count and Countess resided in their "summer cottage" – along with forty in help for only six weeks a year. Their permanent residence was on Fifth Avenue in New York City. During the "Gilded Age" Wheatleigh was the site of many grand parties and musical events.

Today, Wheatleigh is privately owned and is one of the smallest member of the Leading Hotels of the World featuring one of the best dining rooms on the east coast. Wheatleigh is open year-round.

Wheatleigh
 11 Hawthorne Rd, Lenox, MA 01240
TEL. +1 413-637-0610
http://wheatleigh.com

Wheatleigh

ホテル2階正面サイドにある「Junior Suite」のベッドルーム。
約50㎡の広さを持ちバスルーム前に小さなテラスが付く。この部屋から見る壮大な景観はまるで一幅の名画のようだ

　マサチューセッツ州バークシャー地方、ここはアメリカの富裕層がこぞって別荘を構える全米屈指の"あこがれの地"である。このエリアの中心地レノックス郊外の森に優雅に佇む「Wheatleigh」は、1893年にトーマス・クックの子孫である資産家ヘンリー・H・クックがスペイン伯爵家に嫁いだ愛娘への結婚祝いとして贈った建物だ。16世紀のフィレンツェ・パラッツォ様式を模した麗しき館は、後年になってホテルとしての改装が行なわれた。その広大な敷地には芝生が広がり、バークシャーの美しい山並みと湖を一望することができる。この庭園は、NYのセントラルパークを設計した著名な造園家フレデリック・ロウ・オルムステッドがデザインしたもので、周囲は幻想的な雰囲気が漂う。

　レノックス「Lenox」はボストンから車で2時間の距離にあり、日本で言えば"軽井沢"をよりハイソサエティーにした感の街である。ボストン交響楽団の夏の避暑地として知られ、小澤征爾を記念した音楽堂「Seiji Ozawa Hall」も建っている。1936年にボストン交響楽団がここで最初のコンサートを開いたことに由来し、年に一度開催されるタングルウッド・ミュージックフェスティバル「Tanglewood Music Festival」の間、閑静な街は多くの人でにぎわいを見せる。ウィートレイも近隣各州から集まった音楽愛好家のセレブリティーたちで華やかな季節を迎える。

　ウィートレイはわずか19の客室とスイートルームで構成され、アンティーク家具、建築家がデザインしたオリジナルの調度品、そして美術館に所蔵されるレベルのモダンアートなどが並ぶ贅沢な造りである。筆者にアサインされた部屋は2階正面サイドの「Junior Suite」で、約50㎡の広さを持ちバスルーム前に小さなテラスが付く。この部屋から見る壮大な景観はまるで一幅の名画のようだ。シェフJeffrey Thompson率いるダイニング「The Dining Room」は驚きと感動を与えてくれる。AAAファイブ・ダイヤモンド、フォーブス・ファイブスターを保持し、マンハッタンのミシュラン・シェフたちは異論を唱えるかも知れないが、NYを含めてアメリカ東部地域で絶大の評価を得ている。

　レナード・バーンスタインをはじめ、著名な音楽家に愛されたウィートレイは、アメリカ上流社会の夏の社交場とも言われる。おそらく、LHW加盟のホテルとしては最小規模であろうが、そのクオリティーは最高ランクにあると言って良いだろう。ウィートレイは、まるでお伽話のような風景に美しく溶け込み、すべてを知り尽くした大人のための珠玉の隠れ家ホテルと言える。

①樹林帯のエントランスアプローチを抜けると「Wheatleigh」の麗しき正面玄関が見えてくる
②広大な敷地には芝生が広がり、バークシャーの美しい山並みと湖を一望できる
③広大な芝生ガーデンの巨木の影から16世紀のフィレンツェ・パラッツォ様式を模した館を望む
④深い森の中に用意された優雅なスイミングプール

①クラシカルなファイアープレイスがある気品あるロビーラウンジ
②飾り棚に収まる絵皿が美しいカジュアルダイニング「Library」
③ステアケース上段から俯瞰するホテル中心部のパブリックスペース
④2階回廊より俯瞰するエントランスフロア

目の覚める美しさのダイニング「The Dining Room」。全米自動車協会 AAA のファイブダイヤモンド認定のレストランで、エグゼクティブシェフの Jeffrey Thompson は驚きと感動を与えてくれる

「The Dining Room」は敷地の芝生ガーデンに突き出した位置にある

「The Dining Room」のもう一つの部屋はファイアープレイスのある落ち着いた雰囲気だ

Fairmont Le Château Frontenac

Ideally located inside the walls of Old Quebec, the iconic Fairmont Le Château Frontenac has undergone a multimillion dollar renaissance project that will reposition it as one of the world's leading hotels. The restoration blends the charm of the hotel's enchanting past with modern innovations, creating an allure that is fresh & seductive, balanced with the hotel's rich history & dynamic future.

This heritage urban resort will seduce you with its breathtaking views of the St. Lawrence River and the architecture of the Old fortified City, designated a UNESCO World Heritage Site. In any one of its 611 guestrooms and suites, you'll feel an elegant touch of historic Europe. Your experience at this landmark luxury hotel will guarantee you a memorable and inspiring stay in one of the most beautiful, and walkable cities in the world.

Fairmont Le Château Frontenac
1 Rue des Carrières, Ville de Québec, QC G1R 4P5
+1 418-692-3861
http://www.fairmont.com/frontenac-quebec/

95

ケベック旧市街のセントローレンス川を見下ろす高台に、まるでお伽話の世界から抜け出したようなフレンチ・シャトースタイルのホテル「Fairmont Le Château Frontenac」が建つ。当初は5棟の低層棟で囲まれていたが、中央にタワー棟が増設され、より陰影深い複雑な構成となっている

Fairmont Le Château Frontenac

　カナダ東部、ケベック旧市街の高台にまるでおとぎ話の世界から抜け出したようなシャトーホテルが建っている。ホテルの名は「Fairmont Le Château Frontenac」。フランス総督であったフロントナック伯爵ルイ・ド・ブアド（Louis de Buade de Frontenac）の爵名に由来して命名された。ケベックのランドマークであり、大規模な城郭ホテルとしては極めて特異な存在と言える。カナダ太平洋鉄道（CPR）の社主であったウィリアム・ヴァンホーンの発案により、鉄道会社がぜいたくな旅行を奨励する施策の一環として建てられた。カナディアンロッキーにある「バンフ・スプリングスホテル」と共に、建築家ブルース・プライスによる設計で1893年に開業した。

　ケベックの旧市街はメキシコ以北では現存する唯一の城郭都市となっており、1985年にユネスコの世界遺産に「ケベック旧市街の歴史地区」として登録されている。北米内で最も古い歴史を持つ都市の一つでもある。公用語がフランス語でかつ人々の生活様式や文化・芸術の面でフランス文化が極めて強いという独自性を持つ街だ。実際に旧市街を歩くと、しゃれたオープンカフェやオーベルジュが多く、まるでパリの裏通りの風情が感じられる。

　シャトーフロントナックは1924年に中央部分にタワー棟を増設し、スイートを含め全611室の全容が完成した。歴史的なホテルゆえに小さめの部屋が多く、ここではタワー棟にあるゴールドフロアをお勧めしたい。高層階に位置し、ゴールドラウンジで多くのベネフィットを受けられる。筆者にアサインされた部屋は「Fairmont Gold Frontenac Suite」で、約62㎡の広さを持ち、セントローレンス川を見渡す気品ある部屋だ。メインダイニング「Champlain Restaurant」はエグゼクティブシェフのステファン・モダットが腕を振るい、カナダ全土でも屈指の評価を受けている。そのほか「Bistro Le Sam」、「1608-Wine & Cheese Bar」などが人気だ。スパ施設「Spa du Château」では豊富なスパメニューを誇り、併設した「Club Frontenac」ではスイミングプールやヘルスクラブを用意している。

　シャトーフロントナックはセントローレンス川を見下ろす高台に建ち、緑青の吹いた銅葺き屋根とレンガの壁に窓の白い縁飾りが特徴のフレンチ・ロマネスク風の堂々たる城郭建築である。当初は5棟の低層棟で囲まれていたが、中央コートヤードにタワー棟が増設され、より陰影深い複雑な構成となっている。世界でも類を見ない麗しき歴史的ホテルと言えよう。

①メインダイニング「Champlain Restaurant」はエグゼクティブシェフのステファン・モダットが腕を振るい、カナダ全土でも屈指の評価を受けている
②隣接してフロマージュの試食コーナーがある「1608-Wine & Cheese Bar」のラウンドカウンター
③タワー棟中央を貫く"ピーコックアレー"。着飾った紳士淑女が孔雀の様に歩く姿に由来する回廊だ
④エントランスホールにあるシャンデリアとシルクのカーテンが映える華麗なラウンジ

Fairmont Le Château Frontenac

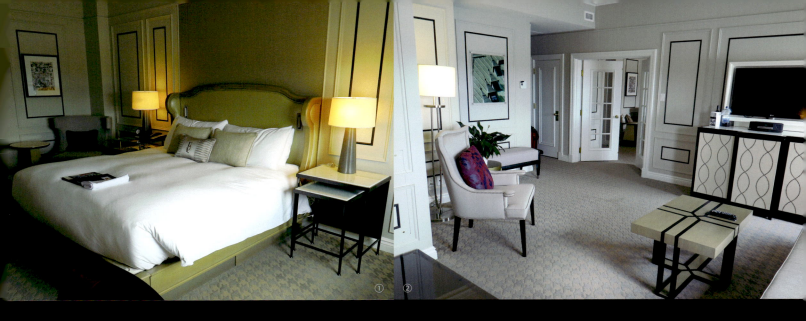

①タワー棟高層階ゴールドフロアにある「Fairmont Gold Frontenac Suite」のベッドルーム。フェアモント・ゴールドラウンジにアクセスできる
②広いリビングルームからベッドルーム方向を望む。約62㎡の広さを持ち、セントローレンス川を見渡す気品ある部屋だ
③ゴールドフロアのゲスト専用に用意されたフェアモント・ゴールドラウンジ
④シャトータワー棟の四隅にある円柱状の出っ張り部分に当たるソファー席

シャトーの正面エントランス車寄せ。メインとなるタワー棟で、周りを5棟の低層シャトーが囲んでいる

100　Fairmont Le Château Frontenac

日没前に美しくライトアップされたシャトー。手前はケベック開拓の父、サミュエル・ド・シャンプラン「Samuel de Champlain」の像

101

Amanjiwo

Amanjiwo, enveloped by the rainforest of central Java, is set within a natural amphitheatre – where the Menoreh Hills rise up nearby and the farmlands of the Kedu Plain spread below steep volcanoes on the horizon.

Set in two graceful crescents, the 36 Suites feature sunken bathtubs and thatched-roof bale pavilions, and open onto private garde.

Borobudur – the world's largest Buddhist monument and one of many religious sites in the area – is a short drive from Amanjiwo. Time-weathered Hindu temples on the Dieng Plateau date from the 7th and 8th centuries, and the ancient complex of Prambanan boasts towering Hindu temples dotted across the plain. Java's dramatic landscape is ideal for trekking, whether up the steep flanks of Mt Merapi or into the lush Menoreh Hills, replete with villages, clove plantations and rice fields.

Amanjiwo
Ds. Majaksingi, Borobudur, Jawa Tengah, Indnesia
TEL. +62 622 93788333
https://www.aman.com/resorts/amanjiwo/exclusives

ボロブドゥール遺跡を望む寺院建築スタイルのメインダイニング「The Restaurant」。
"穏やかなる魂"という意味のアマンジオは荘厳な円形のドームを頂点として、熱帯の森が茂る斜面に放射状にヴィラが広がっている

　インドネシアのジャワ島にある「ボロブドゥール寺院」。世界最古の仏教遺跡を見つめるために、うっそうと生い茂る密林に寺院建築様式を取り入れたホテルがこつぜんと姿を現す。ホテルの名はアマンジオ「Amanjiwo」。"穏やかなる魂"という意味のアマンジオは荘厳な円形のドームを頂点として、熱帯の森が茂る斜面に扇状にヴィラが点在している。ホテル自体がまるで遺跡のように周囲の森と一体化した造りである。

　古都ジョグジャカルタから車で約1時間。世界遺産・ボロブドゥール遺跡のわずか数キロ先にアマンジオは静寂の中に佇んでいる。ボロブドゥールは世界最大にして最古の仏教遺跡であり、「ボロブドゥール寺院遺跡群」の一部としてユネスコの世界遺産に登録されている。遺跡と対峙するように建てられたアマンジオは、その一部でもあるかのような寺院建築スタイルが神々しいほど幻想的である。深い山並みと森、そして土地の人々の信仰と瞑想がもたらす聖なる空気が、千年の時空を超えた彼の地へとゲストをいざなう。

　アマンジオは1997年、アマンリゾートのデザイン・ディレクターであるエド・タートル氏が全面的にインテリア等を担当して完成した。客室はすべて各棟が独立したスイートタイプのヴィラで、別棟の「The Dalem Jiwo Suite」を含めて36のスイートヴィラで構成されている。重厚な石造りのドームのエントランスを抜けると、ストゥーパ（仏塔）をモチーフにしたエントランス・ロビーだ。この先にオープンエアの「The Restaurant」があり、ここから正面にボロブドゥール遺跡が望める心憎いレイアウトである。筆者にアサインされた部屋は「Borobudur Pool Suite」で、専用のテラスにはプライベートプールとガゼボが付帯する。また、バスルームは庭に用意した露天風呂方式だ。「Spa Suite」は同じスイートヴィラの一室を利用したぜいたくなパーソナルタッチが好評である。そのほか、ゆったりくつろげる「The Library」や地元の歴史・文化を紹介した「The Art Room」など、さまざまな施設をゲストに提供している。

　"穏やかなる魂"の名のとおり、訪れるゲストを癒やし続けているアマンジオ。ボロブドゥール寺院自体もいまだ多くの謎に包まれる。仏教の宇宙観を表すとされる寺院の建築哲学を取り入れ、自然界と不思議な調和を醸し出している。アマンジオ滞在客にだけに許される、開園前のボロブドゥール遺跡から見る日の出は実に神秘的だ。

①世界遺産「ボロブドゥール寺院遺跡」から見る日の出は神々しいほど幻想的である。
　ボロブドゥールは世界最大にして最古の仏教遺跡であり、「ボロブドゥール寺院遺跡群」の一部として世界遺産に登録されている
②「Amanjiwo」の重厚な石造りの正面エントランス。にこやかにスタッフから歓迎の挨拶をうける
③「Spa Suite」は同じスイートヴィラの一室にあり、贅沢なパーソナルタッチが好評だ
④落ち着いた気分で寛げ、読書には最適な環境の「The Library」

①「Amanjiwo」は鬱蒼と生い茂る密林に寺院建築様式を取り入れたホテルだ
②ホテル自体がまるで遺跡のように周囲の森と一体化した造りである
③「The Dalem Jiwo Suite」のゲスト専用プール
④ボロブドゥール遺跡に向かって延びるようなインフィニティプール

ボロブドゥールの寺院建築様式と同化した「Borobudur Pool Suite」のベッドルーム。ジャワ産のライムストーンを使用し、4本の柱が天井のドームを支える重厚な空間デザインである

専用のテラスにはプライベートプールとガゼボが付帯する

ベッドルームからテラスと専用プライベートプールを望む

セキュリティーの検問を抜けると辺りは明るくなり、ホテルに通じる美しいエントランスアプローチを進む

朝露に煙る静寂のメイン・プール。早朝には、ゲスト向けヨガスクールも開催される

夕暮れになると敷地内の通路に灯りが燈り、正面遠方にボロブドゥールの仏塔が望める。まさにホテルの敷地に一体化した神秘的な光景といえる

The Majestic Hotel
Kuala Lumpur

The Majestic Hotel Kuala Lumpur includes the original Hotel Majestic which is documented as a national heritage site. This colonial structure was built in 1932 and became one of the great hotels of Kuala Lumpur in its time. An icon of Malaya's boom years leading to World War II, the hotel came to be the place for glamorous social events, government receptions and the residence for prominent international visitors. The Majestic Hotel Kuala Lumpur is positioned to share the glamour, heritage and success of its predecessor as a YTL Classic Hotel.

It is the only hotel in Kuala Lumpur to be included in the Leading Hotels of the World luxury hotel collection. The affiliation verifies that the hotel meets a demanding set of quality standards which serve as the benchmark for the luxury hospitality industry, putting it in the company of some of the best hotels in the world.

The Majestic Hotel Kuala Lumpur
5 Jalan Sultan Hishamuddin, KL City Centre Malaysia., 50000
Kuala Lumpur, Wilayah Persekutuan Kuala Lumpur, Malaysia
TEL. +60 3-2785 8000
http://www.majestickl.com

マジェスティック・ウィングにある「The Governor Suite」のゴージャスなベッドルーム。
約55㎡の広さを誇り、窓からは壮麗な外観を持つ旧クアラルンプール駅を望むコロニアル棟を代表するスイートルームである

エレガントな雰囲気が漂うスイート「The Governor Suite」のリビングルーム

アールデコ調のバスルーム。猫足の付いたクラシカルなバスタブが印象的だ

　1932年に建てられたクアラルンプールの名門ホテル、ホテル マジェスティックが80年の時を経て「The Majestic Kuala Lumpur」として復活し再オープンした。コロニアル風の伝統あるホテルはクアラルンプールのランドマークとして君臨し、歴史に残る政治的会議や各国要人を迎える迎賓館として使われてきた。第2次大戦中は日本軍の司令部として接収され、戦後は建て替えのため取り壊しの危機などに直面したが、83年にマレーシア政府がホテルを強制収容し、遺跡保存法のもと国家遺産として登録し保存の道を開いた。同年末にホテルはその華麗な歴史を閉じたが、翌84年から98年の間、建物は国立美術館として第2の道を歩んで来た。

　2012年、伝説のホテルはマレーシアのYTLホテルズによって蘇り、同年12月に再びホテルのドアが開かれた。YTLホテルズを傘下に持つYTLコーポレーションはマレーシア最大級のコングロマリットで、創業者のDr. Yeoh Tiong Lay（楊忠禮）の頭文字を取って名付けられた。東南アジア企業として初の東証上場を果たした大財閥で、マレーシアではいたる所でYTLの広告看板が目に付く。また、グループ傘下のYTLホテルズはクアラルンプールのリッツカールトンやJWマリオットを保有するほか、多くの高級ホテルを運営している。

　ザ・マジェスティックは創業当時の5階建てのマジェスティック・ウィングが完全に修復され、さらに隣接して15階建てのタワー・ウィングも新設された。マジェスティック・ウィングは国の文化遺産として登録された世界でも珍しいヘリテージホテルで、47室のすべてがスイートタイプとなっている。このクラシカルなウィングには優雅なメインダイニング「The Colonial Café」、生演奏が入る「The Bar」、そしてアフタヌーンティーが人気の「The Tea Lounge」が有機的に結合し機能している。タワー・ウィングにはオールデイダイニングの「Contango」があり、和食はもちろんエスニック料理を含めて世界各地の料理が楽しめる。そのほか「The Majestic Spa」にはフィットネスや屋外スイミングプールを併設している。

　ザ・マジェスティックはムーア様式の華麗な外観を持つ旧クアラルンプール駅の向かいに立地し、隣のマレー鉄道事務局の荘厳な建物や国立モスクなどの歴史的建造物と見事な調和を保っている。静かな歴史地区にある伝統のコロニアルホテルに滞在し、卓越したホスピタリティーに癒しと安寧を得るのも大いに価値があると思う。

①「The Colonial Café」のフレンドリーなスタッフたち
②ライブのバンド演奏が楽しい「The Colonial Café」
③メインダイニング「The Colonial Café」の気品ある店内
④バー、ダイニングと有機的に結合した広い空間にあるラウンジ「The Tea Lounge」

116　The Majestic Hotel Kuala Lumpur

①コロニアルの雰囲気が漂うマジェスティック・ウィングのエントランス
②「The Smoke House」と呼ばれる別棟に向かう回廊。シガールームやカードルーム等を備えた大人の憩いの場だ
③スパ棟の前に設けられた屋外プール。正面に見えるのがムーア様式の旧クアラルンプール駅
④アフタヌーンティーが人気の「The Orchid Conservatory」

117

タワー・ウィング正面エントランスに立つドアスタッフたち。いかにもコロニアルな空気が感じられる風景だ

新設された 15 階建てのタワー・ウィング正面ファサード。新旧双方のエントランスにはコロニアル調の制服を着たベルキャプテンが常駐する

Index *World's Leading Hotels*

VOL.1		ザ・ペニンシュラ ビバリーヒルズ *The Peninsula Beverly Hills* http://www.peninsula.com Edition 7 / Los Angeles HOTERES 2011年6月10日号掲載	ペニンシュラホテルズ（香港上海ホテルズ）は1988年のアメリカ初進出のニューヨークに続いて、91年にロサンゼルスのビバリーヒルズに「ザ・ペニンシュラ ビバリーヒルズ」を開業させた。瀟洒な洋館を訪れるような車寄せから見る威風堂々とした正面ファサードの佇まいはある種の感動を覚える。ここは個人用の邸宅を想定して設計された5階建てのホテルで、客室はスタンダードのタイプでも45㎡以上の余裕のレイアウトだ。味気ない従来のホテル外観構造とは一線を画し、正面ファサードに屋根を付け両翼を広げた建築美は現代ホテル建築の最高傑作の一つと評価したい。
VOL.2		カペラ・シンガポール *Capella Singapore* http://www.capellahotels.com/singapore/ dition 39 / Singapore II HOTERES 2011年6月24日号掲載	シンガポールの中心から車で15分の理想的な立地を誇るセントーサ島に、スーパーラグジュアリー＆リゾートホテル「カペラ・シンガポール」が誕生した。元リッツ カールトン・ホテルカンパニーのCEOホルスト・シュルツ氏がアジアで最初のフラッグシップモデルとして、セントーサ島の熱帯雨林の生い茂る300エーカーもの敷地に2009年に開業させた。カペラはシンガポール最大級の広さを誇る77㎡の標準客室プレミアルームから、133㎡以上のプール付きヴィラ、コロニアルマナーの計112室を擁している。
VOL.3		ザ・リッツ カールトン香港 *The Ritz-Carlton Hong Kong* http://www.ritzcarlton.com/ja/Properties/HongKong/ Edition 13 / Hong Kong II HOTERES 2011年7月8日号掲載	「ザ・リッツ カールトン 香港」、とてつもない巨大ホテルが出現したというのが私の第一印象だ。スイートを含む312の客室はすべて100階以上（102-118階）にあり、料飲部門も実に6施設を擁している。どのレストラン、バーも非常にインテリアが凝った作りでゲストの目を楽しませてくれる。これまで香港島側にあったクラシカルなリッツ カールトンとは全く違うコンセプトの下で、2011年3月29日に九龍サイドにオープンした。
VOL.4		ザ・フェアモント エンプレス *The Fairmont Empress* http://www.fairmont.jp/empress-victoria/ Edition 8 / Canada West Coast and Seattle HOTERES 2011年7月22日号掲載	実に優雅で気品に満ちたホテルだ。ビクトリア観光のハイライトの一つにエンプレスでのアフタヌーンティーが挙げられるように、このホテルとビクトリアの街は一体化した関係にある。1965年に老朽化を理由にホテル取り壊しの計画が発表されると、市民はティーカップを持って対抗し、遂には計画を白紙に戻してホテルを救ったという。ホテルスタッフの純朴とも言えるホスピタリティー意識は心地よく、同時に市民からこよなく愛され、大きな誇りを抱かれているエンプレスは、世界で一番幸せなホテルと言えるかも知れない。
VOL.5		フォーシーズンズ・テンテッド・キャンプ ゴールデン トライアングル *Four Seasons Tented Camp Golden Triangle* http://www.fourseasons.com/goldentriangle/ HOTERES 2011年8月12日号掲載	インドシナ半島の奥地にタイ、ミャンマー、ラオスの3カ国の国境が一点で交わるポイントがある。ゴールデン・トライアングルと呼ばれるタイ最深部の地域で、ラオスと国境を接するメコン川にミャンマーと接するルアック川が合流した部分である。「フォーシーズンズ・テンテッド・キャンプ ゴールデン トライアングル」は名前の通りすべての客室が「テント」のリゾート＆スパである。テントと言ってもそこはフォーシーズンズ流の豪華な内装が施され、完璧な空調と特注の銅製バスタブなど極上の住空間を提供している。
VOL.6		バンヤンツリー杭州 *Banyan Tree Hangzhou* http://www.banyantree.com/ja/hangzhou/ Edition 9 / Central Region, China III HOTERES 2011年8月26日号掲載	「バンヤンツリー杭州」は中国・華中にある古都、杭州のたおやかな自然美を個性豊かに表現して2009年12月に開業した。西湖の西岸側に開発された杭州西渓国家湿地公園に佇む客室数72室のリゾートは、伝統的な江南建築を表現した美しいヴィラを中心にレイアウトされている。かつてこの地を訪れたマルコポーロは「世界で最も美しく華やかな街だ」と評した南宋の都をしのばせる景観美が印象的だ。72の客室はすべてスイートとヴィラタイプになり、半数は本館アネックスにをウォーターテラスという名称のスイートで、残り半数は各グレード別のヴィラで構成されている。

※ http://www.jhrca.com/worldhotel　著者のホームページ「世界のリーディングホテル」で、Edition 1～120迄のホテルを掲載
※ http://www.hoteresweb.com/columntop　「HOTERES WEB」業界コラムで、「世界のリーディングホテル」VOL. 1～120迄のホテルを掲載

VOL.7		ザ・リッツ カールトン ロサンゼルス *The Ritz-Carlton Los Angeles* http://www.ritzcarlton.com/ja/Properties/LosAngeles/ Edition 7 / Los Angeles HOTERES 2011年9月9日号掲載	これまで荒廃していたロサンゼルスの中心部をよみがえらせる画期的な施設が誕生した。L.A. Live という名称の巨大エンターテインメント・コンプレックスだ。ロサンゼルス・コンベンション・センターとステイプルズ・センター（バスケットボールのLA レイカーズやアイスホッケーのLA キングスの本拠地）に隣接した好立地に、ノキア・シアター、グラミー・ミュージアム、ESPN ゾーン、14 スクリーンの映画館、12 のレストラン、そして最後にリッツ カールトンとJW マリオットのホテル開業をもってこの巨大複合施設は完成した。
VOL.8		ラッフルズ シンガポール *Raffles Singapore* http://www.raffles.com/singapore/ Edition 5 / Singapore HOTERES 2011年9月23日号掲載	世界でも稀にみる強烈な個性と独自の存在感を持ったホテルである。この秘密はラッフルズをはじめとして黎明期におけるアジアのホテル建設に心血を注いだサーキーズ兄弟に行き着く。四兄弟はペルシャのイスファハン出身のアルメニア人で、1885年にはペナン島にイースタン＆オリエンタル・ホテルを開業。続いて87年にシンガポールの地にラッフルズを開業させた。わずか10室のバンガロー・スタイルでの出発であったが、99年には現在の原型となる3階建ての本館を完成させ、シンガポールを代表する繁栄の基礎を築いた。
VOL.9		ザ・ヘイ・アダムス *The Hay-Adams* http://www.hayadams.com Edition 15 / Washington, D.C. HOTERES 2011年10月14日号掲載	オバマ大統領、ミシェル夫人と2人の子供たちが就任式を迎え、ホワイトハウスに入るまでの2週間をワシントン中心部にある老舗ホテルに宿泊していた。それが「ザ・ヘイ・アダムス」である。実は大変な名声と評価を持ち合わせた全米でも屈指の名門ホテルなのである。既に多くのアワードを受賞しているが、つい最近では世界をリードするラグジュアリー・トラベルネットワークのVirtuoso 社による"Best of the Best"Hotel Awards」で、世界のラグジュアリーホテル900軒の中で最終候補の50ホテルの一つに選出された。これは全米でも「ザ・ヘイ・アダムス」が唯一のホテルという快挙である。
VOL.10		ザ・ウィラード・インターコンチネンタル ワシントン D.C. *The Willard InterContinental Washington D.C.*　http://www.intercontinental.com/ Edition 15 / Washington, D.C. HOTERES 2011年10月28日号掲載	ウィラードの創業は1818年に「Joshua Tennison's Hotel」としてこの地に開業したホテルを、50年にヘンリーとエドウィン・ウィラード兄弟が買収し、「Willard's City Hotel」の名前でオープンしたことに始まる。現在の12階建ての建物は1901年に竣工。86年になってホテルはインターコンチネンタルの資本参加を経て営業を再開し、同時にオフィスビル「The Willard」をホテルに同化するようなデザインで新設している。当初より多くの国賓やVIPを受け入れ、リーマンショック時の2008年にはウィラードで第1回緊急首脳会議（金融サミット）が開催され、日本の麻生元首相も滞在している。
VOL.11		ザ・プラザ *The Plaza* http://www.theplazany.com Edition 16 / New York I HOTERES 2011年11月11日号掲載	20世紀初頭、世界経済で頭角を現してきたアメリカがヨーロッパに負けない「世界で一番豪華なホテル」を合言葉に、フランス・ルネッサンスのシャトーを模したプラザを1907年10月に開業させた。 現在のプラザは102室のスイートを含む全282室のホテルとなり、セントラルパーク側はすべて超高級コンドミニアムだ。しかし3年に及ぶ贅を尽くした大改造で、館内はより磨きが掛かり新築時の輝きと自信を取り戻している。ニューヨーク市の歴史的建造物にも指定されている美しき貴婦人「ザ・プラザ」。その美しき姿は永遠に輝き続けると信じたい。
VOL.12		ザ・セントレジス ニューヨーク *The St. Regis New York* http://www.starwoodhotels.com/stregis Edition 16 / New York I HOTERES 2011年11月25日号掲載	1912年タイタニック号の遭難という未曽有の海難事故で、"最も裕福なタイタニックの犠牲者"として多くのメディアに注目された人物がいた。その名はジョン・ジェイコブ・アスター四世、アスター家の当主でありセントレジスの創業者だ。末息子のJ・J・アスター四世は聡明なビジネスマンと言われ、1904年に贅を極めた新しいタイプのホテルであるセントレジスを建設し、上流社会の人々のための洗練されたホテルのスタンダードを世界に示した。当時、ニューヨーク最高層のホテルとして話題になったが、冷暖房施設や郵便配達用シュートなど画期的な先端テクノロジーを駆使したホテルでもあった。

121

Index *World's Leading Hotels*

VOL.13		ザ・ペニンシュラ ニューヨーク *The Peninsula New York* http://www.peninsula.com/New_York/ Edition 16 / New York I HOTERES 2011年12月9日号掲載	ペニンシュラの前身「The Gotham Hotel」は1905年この地に華々しく開業した。87年「Hotel Maxim's de Paris」として再オープンし、アールヌーボーの家具や絵画、調度品など徹底的にマキシム流のフレンチデザインに変更された。そして翌88年10月にホテルは香港上海ホテルズ社に買収され、ついに「The Peninsula NewYork」の誕生に導かれる。思えばゴッサムホテルの開業から83年の年月が経過していた。また、香港上海ホテルズ社にとってアジア以外、西洋初進出の記念すべきホテルとなった。
VOL.14		ザ・リッツ カールトン ニューヨーク バッテリーパーク *The Ritz-Carlton Battery Park* http://www.ritzcarlton.com/ja/Properties/BatteryPark/ Edition 18 / New York III HOTERES 2011年12月23日号掲載	ニューヨーク、マンハッタン島の南端にあるバッテリーパークに観光遊覧船の発着所があり、"自由の女神"が立つリバティー島やエリス島に向かう観光船は世界各国から観光客で賑わっている。2002年この美しい公園に隣接して「ザ・リッツ カールトン NY バッテリーパーク」が開業した。客室に備えられた望遠鏡から望む"自由の女神"、その姿は実に印象的であり、その粋な計らいと随所に感じるホスピタリティーは、このホテルに宿泊したゲストの心をしっかりととらえて離さないであろう。
VOL.15		フォーシーズンズリゾート チェンマイ *Four Seasons Resort Chiang Mai* http://www.fourseasons.com/chiangmai/ Edition 19 / Chiang Mai, Thailand II HOTERES 2012年1月13日号掲載	1995年に開業した「フォーシーズンズリゾート チェンマイ」(旧リージェント チェンマイ)は、リゾートホテルにおけるガーデンレイアウトの多様性と、同時に次世代へのリゾートの方向性を示した画期的な出来事でもあった。ゲストルームの基本は四つの客室から成る2階建てのパヴィリオンで、それぞれ左右にUpperとLowerのパヴィリオンに分かれている。64戸あるパヴィリオン客室の内、ここでは「Upper RiceTerrace Pavilion」をお勧めしたい。「Sala」と呼ばれるタイ式屋外ベランダから、眼下に広がる美しい棚田の水田風景を樹木に遮られることなく望むことができる。
VOL.16		マンダリン オリエンタル、 ダラ デヴィ チェンマイ *Mandarin Oriental,* *Dhara Dhevi Chiang Mai* http://www.mandarinoriental.co.jp/chiangmai/ Edition 19 / Chiang Mai, Thailand II HOTERES 2012年1月27日号掲載	初めてここを訪れる人は必ず、"タクシーが間違って寺院に連れて来た"と戸惑うほどの寺院建築が立ち並ぶ豪華ホテルだ。「マンダリン オリエンタル、ダラ デヴィ チェンマイ」が鮮明なコンセプト"古都チェンマイ"を掲げて2005年にこの地に開業した。その広大なホテル敷地内に主要施設や客室パヴィリオンをすべて寺院建築で表現し、ガーデン中心部には稲作田"ライスパディ"を配置した壮大な舞台装置の感がある。それはまさに"古都チェンマイ"そのものを、リゾート内に凝縮し具現化したコンセプトと共に設計者の強い意志が伝わってくるようだ。
VOL.17 VOL.18		ル・ブリストル パリ *Le Bristol Paris* http://www.lebristolparis.com/ Edition 20 / Paris, France I HOTERES 2012年2月10日号掲載 Edition 20 / Paris, France I HOTERES 2012年2月24日号掲載	2011年5月5日、パリの最高級ホテルやグランメゾン関係者にある衝撃が走った。これまでの5ツ星ホテルを超える新たなホテル格付けの最高位が創設され、フランス観光担当大臣によってこの日発表された。その名は"パラス"「PALACE」。最高の栄誉認定を受けた初のホテルは全フランスで8軒、パリで僅か4軒であった。「ル・ブリストル パリ」はそのうちの一軒に認定された。高級ブランドが軒を並べる華やかなフォーブル - サントノレ通りに位置し、大統領官邸エリゼ宮に近い1925年創業の老舗名門であり、世界中のVIP層を顧客に持ち、ミシュラン3ツ星レストラン「Epicure」を抱えるホテルとして、まさにパラスの称号にふさわしい。ホテル正面玄関にはパリ造幣局で特別に鋳造されたゴールドのプレート「PALACE」が誇らしげに輝いている。「ル・ブリストル パリ」には他のパラス・ホテルが自然と身に持つ"ある種の威圧感"がまったくない。まさに優雅なフェミニンの雰囲気がゲストを包み込み、あくまで控え目で、しかし落ち着き払った気品と洗練したホスピタリティーは他の追随を許さない。この高い評価を受けて、2008年度「Institutional Investor」誌のランキングではトップの座を獲得している。本物の"一流の条件"を教えてくれるパリの貴重なパラスと言えよう。

※ http://www.jhrca.com/worldhotel 　著者のホームページ「世界のリーディングホテル」で、Edition 1～120 迄のホテルを掲載
※ http://www.hoteresweb.com/columntop　「HOTERES WEB」業界コラムで、「世界のリーディングホテル」VOL. 1～120 迄のホテルを掲載

VOL.19 / VOL.20		リッツ パリ *Ritz Paris* http://www.ritzparis.com/ Edition 20 / Paris, France I HOTERES 2012 年 3 月 9 日号掲載 Edition 20 / Paris, France I HOTERES 2012 年 3 月 23 日号掲載	世界の主要ホテルを論じる際に絶対に外せない名前と問われれば、ロンドンのサヴォイと共に筆頭格に挙げられるホテルであろう。1889 年にサヴォイの総支配人として迎えられ、ヨーロッパというより世界における近代ホテル経営の規範を示したのが、セザール・リッツである。"ホテル王"と呼ばれたセザールは総料理長に現代フランス料理の基礎を築いたオーギュスト・エスコフィエを迎え、自ら創業者兼総支配人としてパリ・ヴァンドーム広場に「リッツ パリ」を 1898 年 6 月 1 日に開業した。 重厚な歴史的建造物が整然と居並ぶパリ・ヴァンドーム広場。アーチ型のファサードが連続した建物 1 階部分は華やかなショーウインドーになっており、ショーメやブシュロンなどの超高級宝飾店が軒を連ねる。パリで最もゴージャスな広場であるヴァンドームの名を、一層高めているのが「リッツ パリ」の存在であろう。また、ミシュラン 2 ツ星レストラン "レスパドン" "L'Espadon" を目当てに訪れる人も少なくない。 ヘミングウェイ、ココ・シャネル、故ダイアナ妃、リッツを彩る壮大な伝説は枚挙にいとまがない。大改装後の 2014 年秋に生まれ変わって再出発する、"新星リッツ パリ" に大いに期待したい。
VOL.21		オテル・ド・パリ *Hotel de Paris* http://www.hoteldeparismontecarlo.com/ Edition 23 / Monaco HOTERES 2012 年 4 月 13 日号掲載	モナコのホテル・レストラン、もしくは観光産業を語る際に必ず言及されるのは、モンテカルロ SBM グループの存在だ。"ソシエテ・デ・バン・ド・メール" という名のモナコ公国を主要株主とする半官半民の企業で、3000 人の従業員を擁するモナコ最大の観光産業グループ。SBM は 5 つのカジノ、「オテル・ド・パリ」やエルミタージュなどを含む 4 つのホテル、ミシュラン 3 ツ星からカジュアルスタイルを含めて 33 のレストラン、ヨーロッパ随一のスパなどを傘下に所有し、まさに国家挙げての巨大グループだ。
VOL.22		ル・ルイ・キャーンズ ＆ オテル・エルミタージュ *Le Louis XV & Hermitage* Edition 23 / Monaco HOTERES 2012 年 4 月 27 日号掲載	モンテカルロの「オテル・ド・パリ」、それはコートダジュールの眩しい太陽に輝く宝石だ。その魅力の一つに「ル・ルイ・キャーンズ」があるのは間違いないであろう。4 年以内に 3 ツ星を獲得するという契約で、この壮麗な館の総料理長という重責に挑んだ勇気あるシェフ、それは他ならぬ若き日のアラン・デュカスである。当時、オテル・ジュアナの「La Terrasse」で 2 ツ星を得ていた彼は、一流のシェフたちから多くのアイデアを学び独自のスタイルを築いていた。とりわけ師と仰ぐアラン・シャペルに、素材に厳格かつ忠実であることを教え込まれた。
VOL.23		メトロポール モンテカルロ *Metoropole Monte-Carlo* http://www.metropole.com/ Edition 23 / Monaco HOTERES 2012 年 5 月 11 日号掲載	"A modern hotel with a wonderful pedigree"「由緒ある系統を誇るモダンなホテル」と世界中のセレブリティーから絶大な評価と人気を誇るホテルだ。1886 年に「Monte-Carlo Company Ltd」がローマ法王レオ 13 世の所有していた土地にホテルを建設したことに始まる。世界的なインテリアデザイナーであるジャック・ガルシア氏が内装を担当し、モダンでありながらこれまでの歴史と格式を尊重したデザインは伝統的な優美さに現代的テイストが見事に調和したホテルとして世界中の顧客に愛されている。
VOL.24		グランドハイアット ＆ パークハイアット上海 *Grand Hyatt & Park Hyatt Shanghai* http://www.shanghai.grand.hyatt.com/ Edition 1 / Shanghai, China I HOTERES 2012 年 5 月 25 日号掲載	上海、これほどダイナミックに変化・成長して行く都市の姿は世界に類を見ない。躍動する中国の原動力が上海・浦東地区であり、そこの最初の本格的超高層ビルが 88 階建ての金茂大廈「Jin MaoTower」であった。「グランドハイアット上海」はこの金茂大廈の 53 － 87 階を占めて 1999 年にオープンした。開業当時は "世界で一番高層にあるホテル" のふれ込みで話題をさらったが、後にそのタイトルは隣の「パークハイアット上海」に譲ることになる。

Index World's Leading Hotels

VOL.25		ザ・ペニンシュラ上海 *The Peninsula Shanghai* http://www.peninsula.com/Shanghai/jp/default.aspx Edition 1 / Shanghai, China Ⅰ HOTERES 2012年6月8日号掲載	ペニンシュラの母体である香港上海大酒店有限公司「The Hongkong and Shanghai Hotels, Ltd」の発祥の地に「ザ・ペニンシュラ上海」が戻ってきた。「ザ・ペニンシュラ上海」はスイートを含め全 235 室で、上海屈指の広さを誇るゲストルームだ。建物は 1920 ～ 30 年代のアールデコ様式を取り入れ、新築でありながら高い天井と共にクラシカルな雰囲気を持つ。内装は巨匠ピエール・イヴ・ロションを起用したエレガントなスタイルである。巨大な獅子像に迎えられロビーに入ると優雅なラウンジ「The Lobby」に目を見張る。
VOL.26		ザ・リッツ カールトン北京 *The Ritz-Carlton Beijing* http://www.ritzcarlton.com/ja/Properties/Beijing/Default.htm Edition 2 / Beijing, China Ⅱ HOTERES 2012年6月22日号掲載	北京には上海外灘にあるような重厚感あふれる歴史的な西欧建築があまりない。したがって北京貴賓楼飯店のような中国趣味のホテルは別として、北京飯店 B 座の系譜を持つクラシカルな「ラッフルズ北京」のような、古い建物を修復したヨーロピアンテイストのホテルは数少ない。スイートを含む全 320 室のゲストルームを有し、重厚な英国調マナーハウスを彷彿させるインテリア・デザインだ。「ザ・リッツ カールトン北京」は新築のホテルではあるが、リッツ カールトン本来の王道を行く重厚でエレガントな空気に包まれた貴重なホテルと言えよう。
VOL.27		ラッフルズ北京 ＆ 北京飯店 *Raffles Beijing & Beijing Hotel* http://www.raffles.com/Beijing Edition 2 / Beijing, China Ⅱ HOTERES 2012年7月13日号掲載	北京飯店は中国を代表するホテルとして長い歴史を誇る。清代末の 1900 年に洋風レストランを開業し成功したフランス人が、翌年 "Hotel de Peking"「北京飯店」の看板を掲げた事に始まる。15 年に 5 階建て煉瓦造りの本格的西洋式ホテルが建てられ大々的に開業した（北京飯店 A 座）。その後 17 年には当時最新鋭の設備を誇る 7 階建てでコロニアルスタイルの新館が完成する（北京飯店 B 座）。この建物こそがラッフルズ北京のルーツであり、フランスのエスプリが効いた内装と当時は市内最高層の建物ということで話題をさらった。
VOL.28 VOL.29		ザ・サヴォイ *The Savoy* http://www.fairmont.jp/savoy-london/ Edition 26 / London, UK Ⅰ HOTERES 2012年7月27日号掲載 Edition 26 / London, UK Ⅰ HOTERES 2012年8月17日号掲載	"The Savoy"、すべてはこのホテルから始まった。サヴォイ伯ピーターの黄金像が圧倒的存在感を放つ、「ザ・サヴォイ」のエントランス・アプローチ右手にサヴォイ劇場がある。この劇場こそがサヴォイの原点である。劇場のオーナー兼興行主のリチャード・ドイリー・カートが、1889 年に開業したホテルが「ザ・サヴォイ」である。62 のスイートを含む全 268 室のゲストルームは英国エドワーディアン様式とアールデコ様式を反映した造りで、インテリアは世界的に有名なピエール・イヴ・ロションの手による。ムラーノ製シャンデリアなど特注デザインを施したインテリアや家具・備品が多く、同じデザインの部屋は二つとない。ライティングデスクに用意されている便箋、封筒などのステーショナリーにはゲストのフルネームが既に印刷されており、非常に重宝するサービスと言える。またバスルームは広々とした余裕を持たせ、アールデコの優雅な大理石の床が印象的である。2010 年 10 月、総工費 2 億 2 千万ポンドと 3 年近い歳月を投じて断行された大改修によって、名門「ザ・サヴォイ」は不死鳥のごとく華麗にストランドの地に戻って来た。創立当初の面影と新しいスタイルが見事にブレンドし、世界に名だたるホテルとして揺るぎない地位を築いて行くことであろう。
VOL.30		クラリッジズ *Claridge's* http://www.claridges.co.uk/ Edition 26 / London, UK Ⅰ HOTERES 2012年8月24日号掲載	"バッキンガム宮殿の別邸"、"アールデコの宝石箱" など「クラリッジズ」は尊敬を込めた別称で呼ばれることが多い。実に 19 世紀初頭のホテル誕生から 200 年目を迎えた、ロンドン屈指の歴史と格式をもつ名門ホテルである。長い伝統と格式に裏打ちされたホテルだが、時代に合わせた新しい試みも始まっている。ミシュラン 3 ツ星を獲得した時代の寵児ゴードン・ラムジーを招き、「Gordon Ramsay at Claridge's」をオープンさせた。また、ホテルを代表するラウンジ「Foyer」や「Reading Room」で多くの若いカップルが食事を楽しんでいる。クラリッジズの魅力はまだまだ尽きることはないようだ。

※ http://www.jhrca.com/worldhotel　著者のホームページ「世界のリーディングホテル」で、Edition 1～120 迄のホテルを掲載
※ http://www.hoteresweb.com/columntop　「HOTERES WEB」業界コラムで、「世界のリーディングホテル」VOL. 1～120 迄のホテルを掲載

VOL.31		ザ・コノート *The Connaught* http://www.the-connaught.co.uk/ Edition 26 / London, UK I HOTERES 2012 年 9 月 14 日号掲載	ロンドン最高のロケーションを誇るメイフェア地区の一角に、葉を大きく広げた古木が 2 本立つ不思議な空間がある。ここに去年 2011 年 7 月、建築界の巨匠、安藤忠雄氏の手による噴水池がある。由緒正しき出自のホテルに見えるのに、なぜか堅苦しい伝統に縛られない自由な空気を感じさせる。エレーヌ・ダローズの繊細な料理、アマン・スパのモンスーンの匂い、そして安藤忠雄氏の噴水池と風にそよぐ木々の梢…。最も英国伝統色の強いメイフェア地区にありながら、華やかな女性の香りとアジアンの風を感じ取ったのは筆者だけであろうか。
VOL.32		ザ・バークレー *The Berkeley* http://www.the-berkeley.co.uk/ Edition 27 / London, UK II HOTERES 2012 年 9 月 28 日号掲載	ロンドン、ナイツブリッジの閑静な住宅街に、「ザ・バークレー」の瀟洒な建物は佇んでいる。築 100 年以上の建物が当たり前のロンドンでバークレーの建物は比較的新しく 1972 年にこの地にオープした。もちろんホテル自体の歴史は 19 世紀まで遡り、当初はピカデリー近くのバークレー通りにイギリスを代表する建築家、エドウィン・ラッチェンスの設計で開業している。気品あるホテルとして開業以来高い評価を受け、社交界デビューする年ごろの良家の子女が、エスコートなしに訪れることができる数少ないレストランだ。その卓越したホスピタリティーは徐々にロンドン上流階級に広まっていった。
VOL.33		マンダリン オリエンタル、 ハイドパーク ロンドン *Mandarin Oriental,* *Hyde Park London* http://www.mandarinoriental.co.jp/london/ Edition 27 / London, UK II HOTERES 2012 年 10 月 12 日号掲載	ハイドパークに面して建つ、赤煉瓦の壮麗な建物が際立つ名門ホテル。歴史は古く 1889 年に設立された高級アパルトマン「紳士クラブ」にルーツを求められる。1908 年には「ハイドパーク・ホテル」として再生。96 年に「Mandarin Oriental, Hyde Park London」と改称し、リノベーションを実施、2000 年 5 月に装い新たに再デビューを果たした。「マンダリン オリエンタル、ハイドパーク」は高級ブティックが軒を連ねるナイツブリッジで思わず目を奪われる圧倒的外観を持ち、100 年以上の歴史を刻む華やかさと風格を兼ね備えたロンドン屈指のラグジュアリーホテルと言えよう。
VOL.34		ザ・ペニンシュラ シカゴ *The Peninsula Chicago* http://www.peninsula.com/Chicago HOTERES 2012 年 10 月 26 日号掲載	ノース・ミシガン・アベニューは、別名 "魅惑の 1 マイル" 「The Magnificent Mile」と呼ばれるシカゴを代表する美しい通りである。ニューヨークの 5th アベニューと対比される世界有数の大通りである。「ザ・ペニンシュラ シカゴ」はこの華やかな通りのほぼ中央に立地している。2001 年にオープンして、去年開業 10 周年記念を催したばかりの新しいホテルだが、「Institutional Investor」誌のトップ 100 ホテル選出の常連でもある。09 年にはトップ 10 の第 4 位にランクインした評価の高いホテルだ。
VOL.35		ローズウッド マンション オン タートルクリーク *Rosewood Mansion on Turtle Creek* http://www.rosewoodhotels.com/en/ mansiononturtlecreek/ HOTERES 2012 年 11 月 9 日号掲載	全米でも屈指の評価を誇る老舗名門ホテルだ。「Institutional Investor」誌のトップ 10 の常連組でもあり、2011 年のランキングでは見事、世界ナンバーワンの栄誉に輝いている。"The Mansion" は近隣の富裕層をはじめダラスの上流階級の多くを顧客に持つ。華麗なボールルーム「The Promenade」をはじめ多くのパーティー用のパヴィリオンは、ダラスで最もエレガントなウエディングスポットとして評価されている。このように地元に根付いたホテルブランドとダラスのセレブリティー層がホテルの重要なアンビアンスを支えていると言えよう。
VOL.36		ローズウッド クレッセントホテル *Rosewood Crescent Hotel* http://www.rosewoodhotels.com/en/ crescenthotel/ HOTERES 2012 年 11 月 23 日号掲載	テキサスらしいアーチ状のエントランスに迎えられて「ローズウッド クレッセントホテル」の正面玄関に到着する。テキサス州ダラスは石油王ハント一族の本拠地で、H・L・ハントの娘、キャロライン・ローズ・ハントが 1979 年に「Rosewood Hotels & Resorts」を設立し、フラッグシップ・ホテル「Mansion on Turtle Creek」を開業させたのが始まりである。現在は、香港資本である「World China Land」のホテル管理部門「New World Hospitality」に売却され、ハント一族の手から離れている。

Index *World's Leading Hotels*

VOL.37		フォーシーズンズホテル香港 *Four Seasons Hotel Hong Kong* http://www.fourseasons.com/HongKong Edition 12 / Hong Kong Ⅰ HOTERES 2012年12月14日号掲載	「フォーシーズンズホテル香港」には世界の高級ホテルがどうしても太刀打ちできない"凄み"を持っている。それは、ミシュラン3ツ星レストランを2軒も館内に有していることである。1つは広東料理の「Lung King Heen・龍景軒」であり、もう1つはフランス料理の「Caprice」である。「龍景軒」は2008年版ミシュランガイドで香港初、そして唯一の3ツ星を獲得して香港のレストラン業界に新風を巻き起こした。続いて10年には「Caprice」が3ツ星の栄誉を手にして世界のホテル業界に多大な影響を与えた。
VOL.38		ザ・ペニンシュラ香港 *The Peninsula Hong Kong* http://www.peninsula.com/Hong_Kong/JP Edition 13 / Hong Kong Ⅱ HOTERES 2012年12月28日号掲載	これほど、その土地とホテルがあらゆる方面で密接に繋がった関係は、他に類を見ないであろう。香港を訪れた人なら誰しも、九龍半島の先端にそびえる壮麗なコロニアル建築に目を奪われるに違いない。車寄せには最新のロールスロイスが並び、正面玄関の両脇を2頭の獅子像が見守るエントランスでは、お馴染みの白の制服・制帽のページボーイがにこやかにゲストを迎え入れる。「ザ・ペニンシュラ香港」は、この香港・九龍の土地と不可分の関係であり、まさに"香港のシンボル"と言えよう。
VOL.39		ハスラー ローマ *Hassler Roma* http://www.hotelhasslerroma.com/ Edition 30 / Rome, Italy Ⅰ HOTERES 2013年1月4・11日合併号掲載	ローマ随一の立地と格式を誇る老舗名門ホテル。写真や映画にこれほど数多く収められたホテルは他にないであろう。ホテルはかの有名なスペイン階段を上がりきった所に建つ"聖三位一体教会"「Chiesa della Trinita dei Monti」の右隣にある。無意識のうちにこのホテルのイメージは、観光客が撮る多くの写真や映画にも"永遠の都ローマ"のロマンチックな一片として収められるという訳だ。「ハスラー ローマ」は82の客室と14のスイートを有する小規模なホテルであるが、客室の意匠はすべて異なり重厚な家具や調度品など威厳に満ちた内装となっている。
VOL.40		ヴィラ サンミケーレ *Villa San Michele* http://www.villasanmichele.com/ Edition 31 / Florence, Italy Ⅱ HOTERES 2013年1月25日号掲載	ホテル建物の起源が15世紀初頭のフランシスコ派の修道院まで遡る。正面ファサードは、ルネッサンスの巨匠ミケランジェロの手により設計された。フィレンツェの郊外、市街地を見下ろすフィエーゾレの小高い丘の上に重要文化財にも指定されている「ヴィラ サンミケーレ」がある。館内随所に見られる内装に施された彫刻、壁や天井に描かれたフレスコ画、調度品の数々は壮麗で優雅な雰囲気に満ちている。あたかも有名な大聖堂や美術館に居るような錯覚を感じ、そこに悠久で孤高の美しさを見出すことができる。
VOL.41		フォーシーズンズホテル ミラノ *Four Seasons Hotel Milano* http://www.fourseasons.com/Milan Edition 32 / Milan, Italy Ⅲ HOTERES 2013年2月8日号掲載	中世の古い僧院や修道院を高級ホテルとして再利用させる、フォーシーズンズ流のホテル改修・再生術の先鞭をつけたホテルと言えよう。ホテル建物は15世紀の尼僧院がルーツで、増改築を繰り返しながら18世紀には現在の規模の修道院になったという。イタリアファッションの中心地ミラノで、高級ブティックが軒を連ねるモンテ・ナポレオーネ通りから1本奥に入ったジェズ通りにある、まさに最高のロケーションを誇る立地だ。後に続くデザイナーズ系のブルガリホテルやアルマーニホテルの先駆けとなったホテルと言える。
VOL.42		アルマーニホテル ミラノ *ARMANI Hotel Milano* http://www.milan.armanihotels.com Edition 32 / Milan, Italy Ⅲ HOTERES 2013年2月22日号掲載	ファッション界の帝王、ジョルジュ・アルマーニとドバイ屈指の不動産デベロッパー「エマール・プロパティーズ PJSC」によって、中東ドバイに続き世界で2番目のアルマーニ・ホテル＆リゾート「アルマーニホテル ミラノ」が2011年11月にオープンした。この建物は1937年にイタリアの建築家、エンリコ・A・グリッフィーニによって建てられた歴史ある建造物で、内部をアルマーニ自身が考える究極の美学を具現化する空間に創り変えている。

※ http://www.jhrca.com/worldhotel　著者のホームページ「世界のリーディングホテル」で、Edition 1～120迄のホテルを掲載
※ http://www.hoteresweb.com/columntop　「HOTERES WEB」業界コラムで、「世界のリーディングホテル」VOL. 1～120迄のホテルを掲載

VOL.43		ブルガリホテル ミラノ *BVLGARI Hotel Milano* http://www.bulgarihotels.com/ja-jp/milan/ Edition 32 / Milan, Italy III HOTERES 2013年3月8日号掲載	ミラノ中心部でありながら、鬱蒼たる木々に囲まれた静寂の地に「ブルガリホテル ミラノ」は悠然と佇んでいる。ブルガリホテル＆リゾートとして最初のホテルで、著名なブレラ美術館やスカラ座に近く、高級ショッピング街のモンテ・ナポレオーネ通りも徒歩圏内という最高の立地に2004年5月にオープンした。かつて16世紀に修道院の庭園であったホテルのプライベートガーデンは4000㎡に及び、隣接する植物園からの樹木が庭園と重なり合って広がり、まさにミラノ中心部のオアシスと言える貴重なホテルだ。
VOL.44		ブルジュ・アル・アラブ *Burj Al Arab* http://www.jumeirah.com/Burj-Al-arab-Hotel Edition 33 / Dubai, UAE I HOTERES 2013年3月22日号掲載	ホテルの名称であるブルジュ・アル・アラブ「Burj Al Arab」は"アラブの塔"という意味で、実にエッフェル塔を上回る321mの高さがあり、まさに洋上に浮かぶアラブ象徴の塔としての風格がある。ジュメイラ・グループの旗艦ホテルとして、人工島の基礎建設に2年、ホテル建設に3年の計5年の歳月を費やし、1999年12月にオープン。アラブの伝統的な"ダウ船"の帆をイメージした外観で、海岸から280m離れた沖合に建てられた。202室ある客室はすべてデュプレックス・スイートで構成されており、最低でも170㎡の広さを誇る。
VOL.45		マディナ・ジュメイラ / アル・カスル *Madinat Jumeirah / Al Qasr* http://www.jumeirah.com/Madinat-Jumeirah Edition 33 / Dubai, UAE I HOTERES 2013年4月12日号掲載	「マディナ・ジュメイラ」とはアラビア語で"ジュメイラの都市"という意味で、総面積40万㎡の壮大な敷地に3つの豪華ホテルと巨大なスーク（市場）、2kmにわたる美しいプライベートビーチなど、まさにアラビアンナイトの世界を具現化した総合都市と言える。"アラブの宮殿"を自負する「アル・カスル」は広さと"すべて"という意味でドバイの規模を誇る。ホテルに対する一般概念を遥かに超えたジュメイラ・グループの熱きホスピタリティー理念は、ドバイから全世界へと飛翔し始めている。
VOL.46		アルマーニホテル ドバイ *ARMANI Hotel Dubai* http://www.dubai.armanihotels.com/ Edition 34 / Dubai, UAE II HOTERES 2013年4月26日号掲載	高さ828mを誇る世界一の超高層ビル、"ブルジュ・ハリファ"「Burj Khalifa」にジョルジュ・アルマーニ社がドバイ最大手の政府系不動産デベロッパー「Emaar Properties PJSC」と手を組んだ最初のプロジェクト。両社はインテリアデザインからサービスコンセプトまでアルマーニの美意識に貫かれたホテルやリゾート、レジデンスを世界規模で開発経営する「Armani Hotels & Resorts」社を設立し、最初のホテルである「アルマーニホテル ドバイ」を2010年4月にオープンさせた。
VOL.47		エミレーツパレス *Emirates Palace* http://www.kempinski.com/en/abudhabi Edition 36 / Abu Dhabi, UAE IV HOTERES 2013年5月10日号掲載	アブダビとドバイの2都市は互いにコンペティターとして、様々な分野でライバル関係にある。最も注目されているのが、ドバイをハブ空港としたエミレーツ航空と、アブダビを拠点としたエティハド航空とのし烈なシェア争いだ。同様にホテル業界においても似た構図が浮かび上がってくる。いわゆる7ツ星ホテルとして世界に名を馳せたドバイのブルジュ・アル・アラブに対抗すべく、UAEの首都として威信をかけて建設したのが"アブダビの7ツ星ホテル"と呼ばれる「エミレーツパレス」だ。
VOL.48		ジュメイラ・エミレーツタワーズ＆ ジュメイラ・アット・エティハドタワーズ *Jumeirah Emirates Towers &* *Jumeirah at Etihad Towers* http://www.umeirah.com/Jumeirah-Etihad-Towers Edition 34 / Dobai, UAE II Edition 36 / Abu Dhabi, UAE IV HOTERES 2013年5月24日号掲載	ドバイの超高層ビル群の中でも、ひときわ存在感を主張しているツインタワーがある。ジュメイラ・グループが運営する「ジュメイラ・エミレーツタワーズ」で、地上350mの高さのオフィス棟と305mのホテル棟が向き合っている。エミレーツタワーはドバイ中心部に立地し、地下にはショッピングセンター「The Boulevard」を整備してメトロ駅にも直結している。エミレーツタワーはホテル単体としての建物の高さは世界で第5位（2012年現在）で、ブルジュ・ハリファと共にドバイのランドマーク的存在になっている。

127

Index *World's Leading Hotels*

VOL.49		フォーシーズンズホテル ニューヨーク *Four Seasons Hotel New York* http://www.fourseasons.com/newyork/ Edition 17 / New York II HOTERES 2013年6月14日号掲載	5thアベニュー57丁目をパークアベニューに向かうと、明らかに他とは違う存在感を主張している建物が目に付く。20世紀のアメリカを代表する建築家で、ルーブル美術館のガラスのピラミッドを設計した建築家として知られるI.M.ペイが設計を手掛けた「フォーシーズンズホテル ニューヨーク」である。館内に一歩踏み入ると、ロビーの圧倒的な空間規模に目を奪われる。天井高は33フィートを誇り、端正で凛とした力強い空間フォルムはハイレベルなニューヨークの高級ホテルの中でも屈指の風格を漂わせている。
VOL.50		ザ・ウォルドルフ - アストリア & タワーズ *The Waldorf-Astoria & Towers* http://www.waldorfnewyork.com/towers-accommodations/ Edition 17 / New York II HOTERES 2013年6月28日号掲載	創建当初は、現在のエンパイア・ステートビルディングの場所に建っていたと聞くと驚かれるであろう。"ウォルドルフ"とは、このホテルを建設したアスター家の初代・ジェイコブ・アスターの出身地、ドイツのWalldorfに由来する。その後、息子のJ・ジェイコブ・アスター4世が97年に17階建ての「アストリア・ホテル」を建設し、経営をフィラデルフィアの実業家、ジョージ・ボルトに任せる。後にボルトの勧めで、2つのホテルを一体化してNY最大級のホテルが出現することになった。ここに「ザ・ウォルドルフ - アストリア& タワーズ」が誕生した訳である。
VOL.51		ザ・ピエール *The Pierre* http://www.tajhotels.com/Luxury/Grand-Palaces-And-Iconic-Hotels/The-Pierre-New-York/ Edition 17 / New York II HOTERES 2013年7月12日号掲載	ニューヨークで"最もエレガントなホテル"として評価されて来た「ザ・ピエール」は、現在インドホテル界の雄、タージホテルズ・リゾーツ&パレスの傘下に入り、「The Pierre, A Taj Hotel」の名称となっている。「ザ・ピエール」はセントラルパークに面したアッパー・イーストサイドの歴史的保全地区にあり、理想的な立地を誇っている。建物はクラシカルなヨーロッパの香りが漂い、華麗なアールデコの装飾が随所に施されている。館内エレベーターはNYで唯一専任のアテンダントが案内するシステムを残しており、歴史に培われた高いホスピタリティー意識を維持している。
VOL.52		マンダリン オリエンタル、 ワシントン D.C. *Mandarin Oriental, Washington D.C.* http://www.mandarinoriental.com/washington/ Edition 15 / Washington D.C. HOTERES 2013年7月26日号掲載	「マンダリン オリエンタル、ワシントン D.C.」は、この地における高級ホテル群とはひと味違うユニークな存在だ。ほとんどのホテルは国会議事堂からリンカーン記念館に至るナショナルモールの北側エリアにあるが、唯一、モール南側地区のポトマック河畔近くに立地している。また建設された土地も面白く、鉄道が通っている本来ある土地の上に覆いをかぶせた形状の人工地盤上にホテルはある。この新しいホテルは重厚な歴史的建物が多いワシントンの高級ホテルとは一線を画し、コンテンポラリーでスタイリッシュな雰囲気を持っている。
VOL.53		ザ・フェアモント ホテル バンクーバー *The Fairmont Hotel Vancouver* http://www.fairmont.com/hotel-vancouver/ Edition 8 / Canada West Coast HOTERES 2013年8月16日号掲載	「ザ・フェアモント ホテル バンクーバー」は街の発展と共存して来たバンクーバーを代表するランドマーク・ホテルである。ホテルの歴史は古く、CPカナディアン・パシフィック・ホテルズ社によって「Hotel Vancouver」の名称で1934年に開業。現在のホテル バンクーバーは、3代目の建物に当たり、竣工まで11年もの歳月を要した。後に英国王ジョージ5世やエリザベス女王を迎えてホテル バンクーバーの最盛期を迎えることになる。99年にCPホテルズ社がフェアモント・ホテルズ&リゾーツを買収、トロントに本社を置き「Fairmont」ブランドで経営に当たらせている。
VOL.54		マリーナ ベイ サンズ *Marina Bay Sands* http://www.marinabaysands.com Edition 38 / Singapore II HOTERES 2013年8月30日号掲載	これほどユニークな建築物が過去にあっただろうか？ 超高層ビルを3連に並べ、そのトップに船をイメージした長大な屋根を載せて連結した構造を成している。また、ユニークな建築ゆえに、これほど多彩なマスメディアに注目されたホテルも珍しい。ホテルの名は「マリーナ ベイ サンズ」。瞬く間にシンガポールの新しい観光名所に躍り出たホテルだ。米国の建築家、モシェ・サフディ氏の設計によるもので、タワーI・II・IIIと三つの超高層ビルを屋上で連結した構造を持ち、それぞれのタワーは最高部で57階建て、200mの高さがある。

※ http://www.jhrca.com/worldhotel　著者のホームページ「世界のリーディングホテル」で、Edition 1～120 迄のホテルを掲載
※ http://www.hoteresweb.com/columntop　「HOTERES WEB」業界コラムで、「世界のリーディングホテル」VOL. 1～120 迄のホテルを掲載

VOL.55		ザ・セントレジス シンガポール *The St. Regis Singapore* http://www.stregissingapore.com Edition 38 / Singapore II HOTERES 2013 年 9 月 13 日号掲載	「ザ・セントレジス シンガポール」は実に 11 年ぶりにシンガポールに誕生した国際的ラグジュアリーホテルで、東南アジア初進出のセントレジスでもある。立地も素晴らしく、オーチャードロードから一歩入った高級住宅街の一角、評価の高いフォーシーズンズとリージェントホテルに挟まれた理想的な環境にある。シンガポール観光の話題性はマリーナ地区に移行しつつあるが、まさに最高の立地を確保して王道を行く本格派のホテルが誕生したと言える。スイートを含め全 299 室のゲストルームを擁し、すべて 24 時間対応のバトラーサービスが付いている。
VOL.56		ザ・マジェスティック ホテル クアラルンプール *The Majestic Hotel Kuala Lumpur* http://www.majestickl.com Edition 40 / Kuala Lumpur HOTERES 2013 年 9 月 27 日号掲載	1932 年に建てられたクアラルンプールの名門ホテル、ホテル マジェスティックが 80 年の時を経て「ザ・マジェスティック ホテル クアラルンプール」として復活し再オープンした。コロニアル風の伝統あるホテルはクアラルンプールのランドマークとして君臨し、歴史に残る政治的会議や各国要人を迎える迎賓館として使われてきた。マジェスティック・ウィングは国の文化遺産として登録された世界でも珍しいヘリテージホテルだ。このホテルの神髄は修復されたコロニアル棟にあり、是非バトラーサービス付きのマジェスティック・ウィングの部屋を堪能して頂きたい。
VOL.57		マンダリン オリエンタル、クアラルンプール *Mandarin Oriental, Kuala Lumpur* http://www.mandarinoriental.com/kualalumpur/ Edition 40 / Kuala Lumpur HOTERES 2013 年 10 月 11 日号掲載	「マンダリン オリエンタル、クアラルンプール」はクアラルンプールのランドマークであるペトロナスツインタワーに隣接し、目の前は広大な KL シティーパークの緑が映える絶好の立地している。この辺りは KLCC「Kuala Lumpur City Centre」地区と呼ばれ、伊勢丹や紀伊国屋も入るショッピングモールやコンベンションセンターも含めたマレーシア最大級の複合施設である。602 室を数えるゲストルームと 41 のスイート、そして 51 のレジデンスを擁する大型高級ホテルは L 字形をした 30 階建ての建物で、客室の眺めによってパークビューやペトロナス・タワービューなどに分かれる。
VOL.58		ホテル アドロン *Hotel Adlon* http://www.kempinski.com/en/berlin/hotel-adlon/ Edition 41 / Germany II HOTERES 2013 年 10 月 25 日号掲載	ベルリンのランドマーク、ブランデンブルグ門「Brandenburger Tor」の真正面に威風堂々と建つ高級ホテルが ホテル アドロンである。ドイツ・ベルリンのみならず、ヨーロッパのグランドホテルを代表する伝説的ホテルだ。アドロンの名は創業者であるマインツ出身のワイン豪商、ロレンツ・アドロン「Lorenz Adlon」に由来する。彼は皇帝ウィルヘルム 2 世にパリやロンドンのホテルに負けない高級ホテルの必要性を説き、ブランデンブルグ門に面した一等地にホテル用地を確保させた。1907 年 10 月、アドロンは各界の名士を招き皇帝ウィルヘルム 2 世の庇護を受け、自分の名を冠した「Hotel Adlon」を開業させた。
VOL.59		ホテル インペリアル ウィーン *Hotel Imperial, Vienna* http://www.imperialvienna.com/ HOTERES 2013 年 11 月 8 日号掲載	世界には王侯貴族の館であった建物を改修し、新たにホテルとして開業する例はよく見られる。しかし王室の宮殿をそのままホテルに改装して貴賓客用の宿舎とした話はあまり聞いたことはない。ホテルの名は「ホテル インペリアル ウィーン」、ウィーン屈指の伝統と格式を誇るホテルである。インペリアルの盛衰は名門ハプスブルク家と密接に関わり、開業は 1873 年の 4 月まで遡る。この年、ウィーンでは万国博覧会が開催されることになり、皇帝フランツ・ヨーゼフ 1 世は放置されていた宮殿の 1 つをホテルに改装して「Imperial & Royal Court Hotel」としたのが起源である。
VOL.60		ブレナーズ パーク ホテル アンド スパ *Brenners Park-Hotel & Spa* *Baden-Baden* http://www.brenners.com/ger/willkommen/ HOTERES 2013 年 11 月 22 日号掲載	バーデン・バーデンは有名な "黒い森" シュヴァルツヴァルト「Schwalzwald」の北に位置する。温泉地と言っても日本のイメージとはほど遠い文化都市で、オペラハウス、カジノ、劇場、美術館、国際会議場などを揃えた保養地である。「ブレナーズ パーク ホテル & スパ」は世界でも有数の最高級スパホテルとして 140 年の歴史があり、2009 年の NATO 会議の際はオバマ大統領をはじめ 25 カ国の首脳が滞在している。現在はパリのブリストルを擁する高級ホテルグループ「Oetker Collection」の一員として、政財界、社交界から多くの顧客を持つ評価の高いホテルだ。

Index *World's Leading Hotels*

VOL.61		マンダリンオリエンタル ミュンヘン *Mandarin Oriental, Munich* http://www.mandarinoriental.com/Munich Edition 42/ Germany III HOTERES 2013年12月13日号掲載	前身は"ミュンヘンの華"として愛されてきた珠玉のホテル、旧ラファエルホテルである。オリジナルの建物は1880年に市のオペラハウスとして建てられ、ネオ・ルネッサンス様式を持つ白亜のホテルは今も市民の自慢の一つだ。アマンの創始者エイドリアン・ゼッカー氏の盟友である、ジョージ・ラファエル氏が率いる「Raphael Group」をマンダリンオリエンタル・グループが2000年に買収し、「Mandarin Oriental, Munich」（以下、MO/MU）の名称で傘下に置き念願の開業を果たした。
VOL.62		ザ・リッツカールトン ベルリン *The Ritz-Carlton, Berlin* http://www.ritzcarlton.com/en/hotels/germany/berlin Edition 41/ Germany II HOTERES 2013年12月27日号掲載	1920年代後半、ポツダム広場「Potsdamer Platz」はヨーロッパ経済の中心地の一つであり、ベルリンのナイトライフの中心として繁栄を謳歌していた。第2次大戦後、激しい空爆を受けた広場は東西冷戦の最前線として廃墟と化していた。1961年にベルリンの壁が構築されて以降、ポツダム広場は完全に二つに分断され、賑やかだった交差点も荒涼とした風景に変わってしまった。
VOL.63		ホテル タッシェンベルクパレ ケンピンスキー *Hotel Taschenbergpalais Kempinski* http://www.fairmont.com/hotel-vancouver/ Edition 42/ Germany II HOTERES 2014年1月10・17日号掲載	ドレスデンのランドマークであるツヴィンガー宮殿がホテルの隣に位置する。そして荘厳たるオペラ座のゼンパー・オーパーが斜め前に、ドレスデン王宮がホテルの真正面に建つ立地。しかもホテルの建物自体も、国王が伯爵夫人の為に建てた宮殿を後に再建したものだと聞けば尚更の事である。ホテルの名はタッシェンベルクパレ「Hotel Taschenbergpalais」、"タッシェンベルクの宮殿"という意味に。国王フリードリッヒ・アウグスト、通称"アウグスト強王"がアンナ・コンスタンティア伯爵夫人、後のコーゼル伯爵夫人の宮殿として、1708年にドレスデンの中心地タッシェンベルク「Taschenberg」に建設したものである。
VOL.64		シュタイゲンベルガー フランクフルターホーフ *Steigenberger Frankfurter Hof* http://www.marinabaysands.com Edition 43/ Germany IV HOTERES 2014年1月31日号掲載	フランクフルト金融街の中心地、カイザー広場に建つ威風堂々とした建物に思わず目を奪われる。円柱に支えられたアーチ型のエントランスを中心に、左右にシンメトリックに広がる荘厳なる外観だ。イタリアン・ルネッサンス様式のファサードを持ち、ドイツでも屈指の伝統と格式を誇る「Steigenberger Frankfurter Hof」の建物である。創業以来約140年に亘ってフランクフルトの"First Lady"として君臨し、ヴィクトリア英国女王を始め各国の元首、王族に愛され、各界から著名人の訪問は今も途切れることはない。
VOL.65		ホテル ザッハー ウィーン *Hotel Sacher Vienna* http://www.stregissingapore.com Edition 45/ Austria I HOTERES 2014年2月14日号掲載	ホテルザッハーはウィーン国立オペラ座の真後ろにある"フィルハーモニカー通り"と、ウィーンの銀座通り"ケルントナー通り"の交差する角の絶好の立地を誇る。2005年にホテルは大改修を施し、屋上部にモダンなデザインの2フロア分を増築したが、古き良きザッハーを愛好するファンから猛反発を受けた。それだけ目立つ建物であり、市民に愛されたホテルであるが故のエピソードだが、現在はむしろ周りの景観と調和した麗しき外観となっている。
VOL.66		ザ・リッツカールトン ウィーン *The Ritz-Carlton, Vienna* http://www.majestickl.com Edition 45/ Austria I HOTERES 2014年2月28日号掲載	クラシカルな古典的外観とコンテンポラリー感覚の内装インテリアが、これほど見事なまでに融合し調和がとれたホテルも珍しい。ホテルの名はウィーンに初進出を果たした「Ritz-Carlton, Vienna」だ。かつて19世紀には宮殿であった4棟からなる保護文化財の歴史的建物に大改修を施し、客室や館内パブリックスペースは都会的なアーバン・コンテンポラリーの内装でデザイン構成されている。4棟の宮殿の一部は昔のまま保存されており、クラシカルな大階段は皇帝フランツ・ヨーゼフのホテルインペリアルを彷彿させる。また4棟の接続部分は床と天井に微妙な段差が生じており興味を抱かせる箇所でもある。

※ http://www.jhrca.com/worldhotel　著者のホームページ「世界のリーディングホテル」で、Edition 1～120 迄のホテルを掲載
※ http://www.hoteresweb.com/columntop　「HOTERES WEB」業界コラムで、「世界のリーディングホテル」VOL.1～120 迄のホテルを掲載

VOL.67		ホテル ザッハー ザルツブルク *Hotel Sacher Salzburg* https://www.sacher.com/hotel-sacher-salzburg/ Edition 46/ Austria II HOTERES 2014 年 3 月 14 日号掲載	ホテルの歴史は古く、最初の建物が建設されたのは 1866 年まで遡る。アルプスから流れ出るザルツァッハ川の河岸にあり、美しいミラベル公園やモーツァルトの住家も数分の距離にある。対岸の丘に建つランドマークともいえるホーエンザルツブルク城と、麓の大聖堂を中心に開いた旧市街の街並みがホテルから眺められる。ホテルはオーストリアの誇りとして、「Österreichischer Hof」"オーストリアの宮廷" の名称で永くザルツブルクに君臨してきた。
VOL.68		マンダリン オリエンタル、バンコク *Mandarin Oriental, Bangkok* http://www.mandarinoriental.co.jp/bangkok/ Edition 6/ Bangkok, Thailand I HOTERES 2014 年 3 月 28 日号掲載	1980 年代、米国金融雑誌「Institutional Investor」の世界ベストホテルランキングで、何年にもわたり連続 1 位に輝いた伝説的名門ホテルである。1876 年に創業以来、タイ・バンコクを代表する迎賓館的役割を担ってきた「Oriental Hotel」が前身である。1974 年にマンダリン・オリエンタルグループ傘下に入った後も、誇りの "オリエンタル・ホテル" の名を冠していたが、2008 年に現在の「Mandarin Oriental, Bangkok」に改称している。ここには宿泊客に感動を与えた数々の "伝説や逸話" が勲章として残されている。その道のプロが絶賛する究極のホスピタリティーが今も生きている。
VOL.69		ザ・ペニンシュラ バンコク *The Peninsula Bangkok* http://bangkok.peninsula.com/ Edition 6/ Bangkok, Thailand I HOTERES 2014 年 4 月 11 日号掲載	ペニンシュラ バンコクは 37 階建ての高層建築で、W 字型にデザインされた端正な姿が印象的だ。1998 年の開業後は期待通り、ヒルトン、マリオット、アナンタラなど有力ホテルがこの対岸地域に次々と進出を果たした。また、超高層の高級レジデンスも多数建設され、開業当時の立ち遅れた面影はまったく無い。現在は上記ホテルの渡し船も加わって、各ホテルが意匠を凝らした船に自前のロゴマークとホテル旗を掲げ、チャオプラヤ川対岸と連絡している。
VOL.70		フォーシーズンズ リゾート ランカウイ *Four Seasons ResortLangkawiden* http://www.fourseasons.com/langkawi/ Edition 4/ Eastern & Oriental Express HOTERES 2014 年 4 月 25 日号掲載	「Four Seasons Resort Langkawi」は、ランカウイで最も麗しいタンジュン・ルーの白亜のビーチに広がる。タンジュン・ルーの砂浜はまるで "砂漠の砂丘" を成す様に、きめの細かい砂浜が広大な幅を持って無限に続いている。そして大きな特徴はエキゾチックなデザイン・空間構成であろう。インテリアにはスペインとイスラム建築を融合した "ムーア様式" を取り入れている。その浜辺に続く広々とした敷地内には熱帯の植物や花々が咲き誇り、石灰岩の山を背後に望む自然と調和した空間は癒しの効果を最大限に高めている。
VOL.71		ザ・ダタイ ランカウイ *The Datai Langkawi* http://www.thedatai.com/langkawi/ Edition 4/ Eastern & Oriental Express HOTERES 2014 年 5 月 16 日号掲載	ランカウイ島の鬱蒼とした熱帯雨林の大自然に溶け込み、ホテルはひっそりと佇んでいる。ホテルの名は「The Datai」。それまでのアイランドリゾートはなるべく砂浜や入り江に隣接して、オーシャン・ビューの客室棟を中心にレイアウトしたものだが、ダタイは敢えて手つかずの原生林の中にホテル本体を建設した。周囲の環境を損なわないように配慮された木造の建築、石造りの階段、森の中に点在するヴィラ。あくまで自然との調和を優先した格別のロケーションに多くのメディアが興味を示し、1993 年のオープン時はリゾートの新しい形として一世を風靡した。
VOL.72		ホテル メトロポール ハノイ *Hotel Metropole Hanoi* http://www.sofitel.com/gb/hotel-1555-sofitel-legend-metropole-hanoi/ Edition 48/ Vietnam II HOTERES 2014 年 5 月 30 日号掲載	フランス統治時代の 1901 年に創業した、ベトナム屈指の格式を誇るコロニアルホテルである。創業当時は「グランドホテル・メトロポール・ハノイ」と称し、シンガポールのラッフルズを手本としたと言われる。以後、外国人にとってハノイにおける社交場の一大拠点として目覚ましい発展を遂げて行く。96 年には近くのオペラ座にちなんで新館「Opera Wing」が増築された。また、ホテル名は 2009 年に「Sofitel Metropole Hanoi」から「Sofitel Legend Metropole Hanoi」に改名された。これは、ソフィテルにとって "レジェンド" ブランドに指定した最初のホテルである。

Index *World's Leading Hotels*

VOL.73		パークハイアット サイゴン *Park Hyatt Saigon* http://saigon.park.hyatt.com/ Edition 47/ Vietnam Ⅰ HOTERES 2014年6月13日号掲載	ホーチミン・シティーの中心、ラムソン・スクエアにある壮麗なオペラハウス「市民劇場」の近くに、ひと際目立つ白亜のファサードを持つ建物がある。フランス統治時代のフレンチ・コロニアルの気品を漂わせた「Park Hyatt Saigon」である。建物の裏手、緑が映える美しい中庭には大きめのスイミングプールがあり、地元のセレブリティーや世界各国からのゲストで華やかな賑わいを見せている。2005年に開業した比較的新しいホテルだが、立地の良さも手伝い、ホーチミンで最も格式を誇るランドマーク・ホテルに成長した
VOL.74		セタ パレス ホテル *Settha Palace Hotel* http://www.setthapalace.com/ Edition 49/ Laos (Lao P.D.Republic) HOTERES 2014年6月27日号掲載	ラオスの首都ビエンチャンにひっそりと佇む何とも愛らしい珠玉のホテルである。ホテルの名は「Settha Palace Hotel」。小規模ながらラオスで最も伝統と格式を誇るホテルだ。建物は仏領インドシナ時代のフレンチ・コロニアル様式を忠実に再現し優美な姿を見せている。開業は1932年まで遡るが、セタパレスの歴史は苦難の連続であった。フランスから独立しても内戦が続き、かつての華やかなビエンチャンの社交場は見る影もない廃墟に変わり果てた。やがて改修の機運が強まり、5年の歳月と膨大な費用と手間を掛けて99年に再オープンを果たし、創業当時の麗しき姿の貴婦人が蘇った。
VOL.75		ラ・レジデンス プーバオ *La Residence Phou Vao* http://www.belmond.com/la-residence-phou-vao-luang-prabang/ Edition 49/ Laos (Lao P.D.Republic) HOTERES 2014年7月11日号掲載	ラ・レジデンス プーバオ「La Residence Phou Vao」はラオスの古都、ルアンパバーンの小高い丘の上に建つ歴史と格式を誇るホテルである。ラオス独立以来、政府・官僚と軍関係者の接待用に使っていた瀟洒な館を1980年にホテルとして改装した。その歴史は長く、ルアンパバーンで最古のホテルの一つである。当初は「プーバオ・ホテル」の名称であったが、東南アジアに洗練された"隠れ家ホテル"を展開する「パンシー・ホテル・グループ」に経営が移り、2002年に再オープンした。06年には「オリエント・エキスプレス・ホテルズ」に経営が再移行し、ラオスの伝統建築スタイルを尊重した造りで改修を仕上げた。
VOL.76		シャルク ビレッジ & スパ ドーハ カタール *Sharq Village & Spa Doha Qatar* http://www.ritzcarlton.com/en/hotels/qatar/sharq-village HOTERES 2014年7月25日号掲載	カタールのドーハに、まさにアラビアンナイトの世界を彷彿させる異国情緒豊かな高級ホテルが誕生した。その名は「Sharq Village & Spa」で、リッツカールトンが運営を担当している。アラビア湾に面して建ち、カタールの首長(シーク)の壮麗な宮殿を模したエキゾチックなホテルだ。館内はカタールの歴史を築いて来た漁師や真珠取り、アラブ商人らのコミュニティーをモチーフにして興味深い。シュロやナツメヤシなど生い茂るホテル敷地内にアラブ風の曲がりくねった通りや路地がめぐらされ、緑が映える芝生にはプールや、涼しげな噴水が配置されている。
VOL.77		ザ・リッツカールトン バーレーン ホテル & スパ *The Ritz-Carlton, Bahrain Hotel & Spa* http://www.ritzcarlton.com/en/hotels/middle-east/bahrain HOTERES 2014年8月8日号掲載	「The Ritz-Carlton, Bahrain Hotel & Spa」はバーレーン屈指の格式を誇るホテルだ。多くの国際会議が開催され、去年2013年の安倍首相バーレーン訪問時の宿泊先ホテルでもあった。建物は当初「Le Royal Meridien, Bahrain」として建設されたため、ファサードをはじめ外観は若干イメージが異なる。2003年にリッツカールトンの一員になると、館内は徹底的にリノベーションが施され、本来の落ち着いた重厚な佇まいに生まれ変わった。近年、広大な敷地内にラグジュアリーなヴィラを配置して、よりリゾート感覚あふれる高級ホテルとなっている。
VOL.78		ホテル ミッソーニ クウェート *Hotel Missoni Kuwait* http://www.sixsenses.com/spas/kuwait/welcome HOTERES 2014年8月22日号掲載	近年、有名アパレルブランドがプロデュースするホテルは数多くオープンしている。その中で、あの色使いの魔術師と言われたブランド、"MISSONI"が手がけたホテルはまだ日本ではあまり知られていない。しかも、あの砂漠の国、クウェートと言えばビックリするであろう。そのホテルの名は「Hotel Missoni Kuwait」。イタリアの有名ブランドのミッソーニと「Carlson Rezidor Hotel Group」が手を組み、2011年3月に開業した。ミッソーニといえば、大胆なプリントや豊かな色彩使い、そして独特のボーダーや幾何学模様など。そのイメージのままのエントランスに迎えられ、何やら嬉しくなるようなホテルである。

※ http://www.jhrca.com/worldhotel　著者のホームページ「世界のリーディングホテル」で、Edition 1～120 迄のホテルを掲載
※ http://www.hoteresweb.com/columntop　「HOTERES WEB」業界コラムで、「世界のリーディングホテル」VOL.1～120 迄のホテルを掲載

VOL.79		フォーシーズンズ ホテルプラハ *Four Seasons Hotel Prague* http://www.fourseasons.com/prague/ Edition 52/ Czech and Slovak Republic HOTERES 2014 年 9 月 12 日号掲載	プラハの中心部を滔々と流れるモルダウ川に架かるカレル橋。その橋のたもとに四つの異なる建築様式を持つクラシカルな建物に目が注がれる。それが「Four Seasons HotelPraque」である。16 世紀に建てられ、プレジデンシャルスイートが入るバロック様式、ネオ・クラシック様式とネオ・ルネッサンス様式、そしてメインエントランスを配置したコンテンポラリー・デザインのメイン棟。その建築スタイルは歴史的建造物を損なうことなく見事に統合している。
VOL.80		マンダリン オリエンタル、プラハ *Four Seasons HotelPrague* http://www.fourseasons.com/prague/ Edition 52/ Czech and Slovak Republic HOTERES 2014 年 9 月 26 日掲載	スメタナの交響詩『わが祖国』の旋律が流れて来そうなプラハ最古の「カレル橋」を渡ると、左手にマラーストラナ地区と言われる石畳の美しい閑静な住宅街に出る。その一角に「Mandarin Oriental, Praque」はひっそりと佇んでいる。14 世紀、ドミニコ修道院として使われていた建物が全面的に改装され、スタイリッシュな高級ホテルとして蘇った。館内にはアーチ型の窓枠や丸い支柱、天井の高い回廊が残され、かつて修道院だった歴史が随所に残されている。
VOL.81		アルカディアホテル ブラチスラヴァ *Arcadia Hotel Bratislava* http://www.arcadia-hotel.sk/en/Home.html Edition 52/ Czech and Slovak Republic HOTERES 2014 年 10 月 10 日号掲載	新設された数軒の大型ホテルを除き、ブラチスラバ旧市街で唯一の 5 ツ星ホテルである。「Arcadia Hotel Bratislava」は旧市街中心部にある 13 世紀に建築された歴史的建造物を修復して、2007 年にホテルとして開業した。ホテルファサードは往時の面影を色濃く残し、クラシカルなアーチ型の控えめな玄関やガラス天井が美しい吹き抜けのエントランスホールなど、小規模ながら印象的な高級ホテルだ。
VOL.82		フォーシーズンズホテル グレシャムパレス ブダペスト *Four Seasons Hotel* *Gresham Palace Budapest* http://www.fourseasons.com/budapest/ Edition 53/ Hungary and Slovak Republic HOTERES 2014 年 10 月 24 日号掲載	ブダペスト中心部を流れるドナウ川に架かる美しい「くさり橋」の広場に「Four Seasons Hotel Gresham PalaceBudapest」の壮麗な宮殿が建っている。ハンガリーにおけるアール・ヌーヴォー様式の傑作と言われ、当初はロンドンに本拠地とするグレシャム生命保険会社の建物として、1906 年に完成した宮殿である。2001 年にフォーシーズンズホテルによって買収され、2004 年にブダペストで最高のホテルとして華麗なドアは再び開かれた。
VOL.83		ホテル カンプ ヘルシンキ *Hotel Kamp Helsinki* http://www.hotelkamp.com/ Edition 50/ Sweden and Finland, Nordic Countries Ⅰ HOTERES 2014 年 11 月 14 日号掲載	ヘルシンキの迎賓館とも言える屈指の歴史を誇る名門ホテル「Hotel Kamp」。市内中心部の高級ブランド店が並ぶエスプラナーディ通りに面して、老舗ホテルの存在感を放っている。ホテルはレストラン業で財を成した Carl Kamp によって建てられ、彼の名前を付けたホテル "Kamp" は 1887 年に華々しく開業した。1965 年に老朽化した建物は銀行として再建される。ホテルとしての改装工事は 96 年より始まり、99 年にスターウッドグループ傘下の一員として再出発した。
VOL.84		グランドホテル ストックホルム *Grand Hotel Stockholm* https://www.grandhotel.se/ Edition 50/ Sweden and Finland, Nordic Countries Ⅰ HOTERES 2014 年 11 月 28 日号掲載	"水の都"と称えられる美しいスウェーデンの首都ストックホルムを代表する名門ホテルが、1874 年創業の「GrandHotel Stockholm」である。このグランドホテルとノーベル賞授賞式との関係は大変深く、1901 年に第 1 回ノーベル賞が授与されて以来ノーベル賞受賞者たちに利用され、セオドア・ルーズベルトをはじめ数多くの偉人、文豪たちが投宿している。以来、ノーベル賞の受賞者とその家族は全員グランドホテルに宿泊する伝統が今も脈々と受け継がれている。

Index World's Leading Hotels

VOL.85		グランドホテル オスロ *Grand Hotel Oslo* http://www.grand.no/no/default.html Edition 51/ Denmark and Norway, Nordic Countries II HOTERES 2014年12月12日号掲載	北欧ノルウェーの首都オスロは、中央駅から王宮まで延びるカール・ヨハン通りを中心にコンパクトにまとまっている。1874年に創業したグランドホテル「Grand Hotel Oslo」は、通りのほぼ中心に位置する国会議事堂前の好立地に華麗な姿で佇んでいる。140年にわたり伝統と格式を誇る名門ホテルとして君臨し、ノルウェーを代表する劇作家イプセン、画家のムンク、探検家ナンセンやアムンゼンなど多くの著名人に愛されて来た。ストックホルムにある同名のグランドホテルとは提携関係にないが、ノルウェー全土及びスウェーデンにホテルをチェーン展開している「Rica Hotels」の旗艦ホテルでもある。
VOL.86		ホテル ダングレテール *Hotel D'Angleterre* http://www.dangleterre.com/da/home Edition 51/ Denmark and Norway, Nordic Countries II HOTERES 2014年12月26日号掲載	"コペンハーゲンの白い貴婦人"それがホテルの愛称である。1755年創業のヨーロッパ最古のホテルの一つであり、デンマークを代表する世界でも屈指の名門ホテルだ。ホテルの名は「Hotel D'Angleterre」。コペンハーゲンの中心広場「Kongens Nytorv」に白亜の城のような外観が目を引く。清楚にして繊細な意匠が施された建物は、アンデルセンを生んだ童話の国コペンハーゲンにあって、ひときわ美しく輝いて見える。2013年5月に2年にわたる大規模改修を終え、一般客室よりスイートの方が多い贅沢な構成で、よりエレガントなホテルとして再オープンした。
VOL.87		ハレクラニ *Halekulani* http://www.halekulani.com/ Edition 54/ Hawaii I HOTERES 2015年1月9・16日合併号掲載	ワイキキ屈指の名門ホテル「ハレクラニ」。1883年、現在の地に木造の素朴なビーチハウスからスタートして1世紀以上、誰が今の隆盛を想像したであろうか。1907年に小さなレジデンシャルホテル「Hau Tree」としてホテル業に進出。17年にジュリエット・キンバルとクリフォード・キンバル夫妻がホテルを買い取り、「Halekulani」- ハワイ語で"天国にふさわしい館"と名づけ、華やかな歴史を歩み始める。幾多の変遷を経て、81年には三井不動産の所有に変わり、ハレクラニの新時代が始まる。ハワイらしいホスピタリティーと伝統を守りつつ、世界に通用する超一流ホテルをめざしダイナミックな挑戦が成し遂げられた。
VOL.88		ザ・カハラ・ホテル&リゾート *The Kahara Hotel & Resort* http://www.kahalaresort.com/ Edition 54/ Hawaii I HOTERES 2015年1月30日号掲載	「The Kahara」、何と心地よい響きのホテルであろう。オアフ島、ダイヤモンドヘッドの東側にある閑静な高級住宅街のカハラ地区に佇む、世界でも屈指の由緒あるホテルの一つだ。ワイキキの喧騒から離れたこのロケーションが幸いし、1964年の開業以来、わずか数カ月のうちにハリウッド業界関係者が次々とカハラリゾートを訪れるようになり、その卓越したホスピタリティーで多くのセレブリティの心をつかむ。以来、日本の皇室をはじめ世界的な富豪や著名人の集まるリゾートとしての揺るぎない地位を確立した。
VOL.89		ロイヤル ハワイアン ラグジュアリー コレクション リゾート *The Royal Hawaiian,* *A Luxury Collection Resort* http://www.royal-hawaiian.com/ Edition 55/ Hawaii II HOTERES 2015年2月13日号掲載	"太平洋のピンク・パレス"と呼ばれ、ハワイのホテルの中でも独特な存在感を放つホテルが「The Royal Hawaiian」である。その優雅でエレガントな佇まいはハワイ随一であろう。ロイヤル ハワイアンはハワイ王朝の所有地であったワイキキの「ヘルモア」の土地に、マトソン商船会社の創立者ウィリアム・マトソンによって建てられ、同社所有の新豪華客船「マロロ号」の旅客宿泊施設としてスタートした。当時はカリフォルニアから5日間の航海を終え、海を見飽きたゲストのためにハワイの風土やガーデンを楽しんでもらう配慮で、ホテルの半分以上の客室から緑の庭園の景色が楽しめるように設計された。
VOL.90		モアナ サーフライダー ウェスティン リゾート&スパ *Moana Surfrider,* *A Westin Resort & Spa* http://www.moana-surfrider.com/ Edition 55/ Hawaii II HOTERES 2015年2月27日号掲載	1901年、ワイキキに初めて建てられた「モアナホテル」を発祥とするのが「Moana Surfrider, A Westin Resort & Spa」である。"First Lady of Waikiki"の名に相応しい壮麗さとハワイの伝統が調和したラグジュアリーホテルだ。ハワイの数あるホテルのなかで、そのコロニアル調の白亜の建物は"ワイキキ最古のホテル"としての風格が感じられる。当時の名残を今も伝えるクラシカルな本館「BanyanWing」と、2013年に改装が完了した「Tower Wing」、「Diamond Wing」の3棟が、中庭にある樹齢100年を越えるバニヤンツリーを囲むように建っている。

※ http://www.jhrca.com/worldhotel　著者のホームページ「世界のリーディングホテル」で、Edition 1～120 迄のホテルを掲載
※ http://www.hoteresweb.com/columntop　「HOTERES WEB」業界コラムで、「世界のリーディングホテル」VOL.1～120 迄のホテルを掲載

VOL.91		フォーシーズンズ リゾート ラナイ アット マネレベイ *Four Seasons Resort Lanai at Manele Bay* http://www.fourseasons.com/lanai/ Edition 55/ Hawaii II HOTERES 2015 年 3 月 13 日号掲載	"The Secluded Island（静寂の島）" と呼ばれ、ハワイ主要 6 島で最も小さな島であるラナイ島。ここに大人の隠れ家とも言うべき 2 軒のフォーシーズンズ リゾートがある。ラナイ島で、ひと際美しいフロポエの海を見下ろす高台に建つ白亜の建物が「Four Seasons Resort Lanai at Manele Bay」である（。ハワイには飽きたというセレブリティも熱い視線を注ぐ今注目のラグジュアリーなホテルだ。ビーチフロントのデラックスホテルはハワイで珍しいことではないが、特筆すべきは、自然の宝庫、ラナイ島自体にオーシャンリゾートは FS/MB しかない。それこそが、このホテルの存在を特別なものに感じさせている。
VOL.92		フォーシーズンズ リゾート ラナイ ザ・ロッジ アット コエレ *Four Seasons Resort Lanai The Lodge at Koele* http://www.fourseasons.com/koele/ Edition 55/ Hawaii II HOTERES 2015 年 3 月 27 日号掲載	常夏の島ハワイで、一年中暖炉には炎が煌めき、ゲストはセーターが手放せないというホテルがある。ホテルの名は「Four Seasons Resort Lanai, The Lodge at Koele」（以下、FS/LK）。標高 500 ｍの高原に、今まで見てきたハワイとは明らかに違う風景が広がる。英国のカントリーハウスを彷彿させる建物の中は薄暗く重厚なデザインだ。芳しい木の香りと、ロビーの左右に薪が焚かれた暖炉。磨き抜かれた英国調の家具など、どこか山小屋にも似た暖かな雰囲気を感じさせてくれる。誰もが描いている南国ハワイのイメージを遥かに超える気品と優雅さに満ちている。
VOL.93		ホテル ダニエリ ラグジュアリーコレクション ホテル ベニス *Hotel Danieli A Luxury Collection Hotel, Venice* http://www.danielihotelvenice.com/ HOTERES 2015 年 4 月 10 日号掲載	ベニスを代表するホテル「Hotel Daniel」は、14 世紀に建てられた旧ダンドロ家の宮殿「パラッツォ・ダンドロ」をホテルにしたものである。その卓越したゴシック建築とラグーンを見渡す立地から、"ベニスで最も高貴な宮殿" と称された。1822 年にジョゼッペ・ダル・ニエルがこの宮殿の一部をホテルに改装。彼のニックネームをとって "ダニエリ "DANIELI" と名付けられた。彼は少しずつ宮殿の土地を買い集め、最終的に宮殿すべての所有権を手にした。現在は、スターウッド傘下である「Luxury Collection」ブランドの重要なフラッグシップホテルとなっている。
VOL.94		ベルモンド ホテル・チプリアーニ *Belmond Hotel Cipriani* http://www.belmond.com/hotel-cipriani-venice/ HOTERES 2015 年 4 月 24 日号掲載	ベニスの中心、サン・マルコ広場にあるホテル所有の桟橋からゲスト専用のクルーザーでわずか数分。大型の野外スイミングプールや美しい芝生のガーデン、テニスコートなどベニスではほかに例を見ない広大な敷地を有するホテルがある。ホテルの名は「Belmond Hotel Cipriani」。ジュデッカ島の先端に位置する「Belmond Ltd」のフラッグシップホテルである。1980 年および 1988 年のベネチアサミットでは目の前にあるサン・ジョルジョ・マッジョーレ島の教会で開催されたが、多くの首脳もこのホテルに滞在し、その名声を世界に知らしめた。
VOL.95		ラ・ミランド, アヴィニョン *La Mirande, Avignon* http://www.la-mirande.fr/ Edition 21/ France II HOTERES 2015 年 5 月 15 日号掲載	アヴィニョンと言えば真っ先に浮かぶのがアヴィニョン教皇庁であろう。14 世紀初頭にカトリックの総本山であるローマ教皇庁がアヴィニョンに移され 68 年間にわたり教皇庁として機能していた。「La Mirande」はそんなアヴィニョンのシンボルである教皇庁宮殿の真裏に位置するという、これ以上ない風格ある場所に建つ。17 世紀には枢機卿の邸宅であったという由緒正しい建物を、1990 年にホテルに改装したもので、まるで美術館のような貴族の館である。アンティーク家具や古美術絵画などの調度品を惜しみなく配し、18 世紀ルイ 16 世様式の気品ある雰囲気に、滞在するだけで往時に思いをはせる満足感に浸れる。
VOL.96		ホテル ロイヤル エヴィアン *Hotel Royal, Evian* http://www.evianresort.com/ HOTERES 2015 年 5 月 29 日号掲載	ナチュラルミネラルウオーター「Evian」誕生の地として世界中に知られるエヴィアン・レ・バンの地に、「HotelRoyal, Evian」は 1909 年に開業した。レマン湖を見渡す広大な敷地に建てられたホテルは、イギリス国王エドワード 7 世に捧げられたもので、宮廷ホテルのコンセプトを継承した稀有なホテルである。ベル・エポック式のファサードやグスタフ・ジョイメの手による壮麗なフレスコ画など、王室の別荘としての風格が隅々にわたり保存されている。樹木が生い茂る庭園には姉妹ホテルの「Hotel Ermitage」やエヴィアン・マスターズが開催されるゴルフコースも併設され、敷地全体が「Evian Resort」として整備されている。

135

Index *World's Leading Hotels*

VOL.97		ザ・ドルダー グランド ホテル *The Dolder Grand Hotel* https://www.thedoldergrand.com/ HOTERES 2015 年 6 月 12 日号掲載	スイス連邦屈指の名門ホテルで、チューリヒの街と湖を見下ろす高台に建つ壮麗なホテルが「The Dolder Grand」である。1899 年にラグジュアリーなクアハウスリゾートとして創業してから長い伝統を誇る、チューリヒを代表するランドマークホテルだ。森に囲まれた高級住宅街の閑静なロケーションに、多くの塔を昔のままに残した古城を思わせるクラシカルな本館と、スタイリッシュなデザイン構成の新館から成るホテルは威風堂々とそびえ立っている。新館を構成する優美な曲線はクラシカルな本館をぐるりと取り囲み、本館メイン棟は創業当時の古典的な外観や繊細な内装など可能な限り保存している。
VOL.98		ホテル シュヴァイツァーホフ ベルン *Hotel Schweizerhof Bern* https://www.thedoldergrand.com/ HOTERES 2015 年 6 月 26 日号掲載	スイス連邦国内に数あるホテルの中で屈指の歴史を誇る名門ホテルが「Hotel Schweizerhof」である。すでに 18 世紀から「Hotel Fetzer」または、ベルンを治めた "Zahringer 家 " の名を冠して「Zahringerhof」として欧州中に知られた老舗ホテルが、1859 年にその名を " ホテル シュヴァイツァーホフ「Hotel SchweizerhofBern」に変更する。1913 年にホテルは建て替えられたが、150 年以上にわたって多くの歴史的なストーリーと共に時を刻み、スイスを代表する老舗名門ホテルとしての地位を確立した。ホテルは新しい時代の要請を受け、2009 年に大改修を断行し、11 年 4 月に待望の再オープンを果たした。
VOL.99		ザ・ロイヤル クレッセント ホテル＆スパ *The Royal Cresent Hotel & Spa* http://www.royalcrescent.co.uk/ HOTERES 2015 年 7 月 10 日号掲載	古代ローマ人がイギリス遠征の際発見した温泉が町の名前、バース「Bath」となった。ドイツのバーデン・バーデン「Baden-Baden」と同様に温泉という語源、歴史を持つ。バースで世界遺産に登録されるほどの美しい町並みを象徴する建築が「Royal Crescent」という集合住宅である。イオニア式の壮麗な列柱に飾られた半楕円形の建物が独自のオーラを発し、その形に抱かれるように芝生と青空が広がる。ロイヤル クレセントは日本語で " 三日月宮殿 " と訳され、" 世界で最も美しい集合住宅の一つ " と言われている。その三日月宮殿の中央に「Royal Crescent Hotel & Spa」の正面エントランスが控えめに佇んでいる。
VOL.100		クリヴデン *Cliveden* http://www.royalcrescent.co.uk/ HOTERES 2015 年 7 月 24 日号掲載	テムズ川上流、麗しき田園風景が広がるバークシャーの地に威風堂々としたホテルが建っている。ホテルの名は「Cliveden」。イギリス王室ゆかりの名門ホテルである。ホテルの歴史は第二代バッキンガム公爵が 1666 年に建てた宮殿に遡る。以後、代々の君主たちがここに居を構え、イギリス王室の別邸とも呼ばれる歴史的な館であった。1906 年に世界屈指の資産家であったアメリカのアスター家に所有権は移る。ナンシー・アスターのサロンの場となったクリヴデンは栄華を極め、英国ロイヤルファミリーや英国首相チャーチルなど多数が招待されている。
VOL.101		ヴィラ デステ *Villa d'Este* http://www.royalcrescent.co.uk/ HOTERES 2015 年 8 月 14 日号掲載	ミラノの北部、スイスの国境に近い位置にイタリアが世界に誇る避暑地のコモ湖「Lago di Como」がある。コモ湖の避暑地としての歴史はローマ時代に遡り、邸宅（ヴィラ）と呼ばれる別荘が周囲に点在する。その中でとりわけ壮麗な邸宅がヴィラ デステ「Villa d'Este」である。もともとコモ司教の命により修道院として建てられたが、1568 年に枢機卿トロメオ・ガリオの夏の離宮として整備されたのがこのホテルの起源である。現在、建物は国の重要文化財に指定され、LHW 加盟のホテルとして世界各国のセレブリティーたちから絶大な人気を得ている。
VOL.102		アマンジオ *Amanjiwo* https://www.aman.com/resorts/amanjiwo HOTERES 2015 年 8 月 28 日号掲載	インドネシアのジャワ島にある「ボロブドゥール寺院」。世界最古の仏教遺跡を見つめるために、うっそうと生い茂る密林に寺院建築様式を取り入れたホテルがこつぜんと姿を現す。ホテルの名はアマンジオ「Amanjiwo」。" 穏やかなる魂 " という意味のアマンジオは荘厳な円形のドームを頂点として、熱帯の森が茂る斜面に扇状にヴィラが点在している。ここがリゾートとは信じられないほど、ホテル自体がまるで遺跡のように周囲の森と一体化した造りである。

※ http://www.jhrca.com/worldhotel　著者のホームページ「世界のリーディングホテル」で、Edition 1～120 迄のホテルを掲載
※ http://www.hoteresweb.com/columntop　「HOTERES WEB」業界コラムで、「世界のリーディングホテル」VOL.1～ 120 迄のホテルを掲載

VOL.103		フェアモント ル シャトー フロントナック *Fairmont Le Château Frontenac* http://www.fairmont.com/frontenac-quebec/ HOTERES 2015 年 9 月 11 日号掲載	カナダ東部、ケベック旧市街の高台にまるでおとぎ話の世界から抜け出したようなシャトーホテルが建っている。ホテルの名は「Fairmont Le Château Frontenac」。ケベックのランドマークであり、大規模な城郭ホテルとしては極めて特異な存在と言える。カナダ太平洋鉄道（CPR）の社主であったウィリアム・ヴァンホーンの発案により、鉄道会社がぜいたくな旅行を奨励する施策の一環として建てられた。カナディアンロッキーにある「バンフ・スプリングスホテル」と共に、建築家ブルース・プライスによる設計で 1893 年に開業した。
VOL104		フォーシーズンズ ホテル トロント *Four Seasons Hotel Toront* http://www.fourseasons.com/toronto/ HOTERES 2015 年 9 月 25 日号掲載	1961 年 3 月、イザドア・シャープ現会長兼 CEO の夢を託したフォーシーズンズホテルの創業第 1 号がトロントのダウンタウンに「Four Seasons Motor Hotel」としてオープンした。これこそが今日のフォーシーズンズ隆盛の原点である。10 年後にロンドンに開業した「In on the Park London」を経て、今日見るフォーシーズンズ・スタイルが確立した。しかし世界戦略はまだ十分に発揮できず、ロンドン以外はすべてカナダ・アメリカであった。やがて 92 年にアジア進出第 1 号として開業した「フォーシーズンズホテル椿山荘東京」を皮切りに、積極的な世界進出を果たして行く。
VOL.105		ウィートレイ *Wheatleigh* http://wheatleigh.com/ HOTERES 2015 年 10 月 9 日号掲載	マサチューセッツ州バークシャー地方、ここはアメリカの富裕層がこぞって別荘を構える全米屈指の "あこがれの地" である。このエリアの中心地レノックス郊外の森に優雅に佇む「Wheatleigh」は、1893 年にトーマス・クックの子孫である資産家ヘンリー・H・クックがスペイン伯爵家に嫁いだ愛娘への結婚祝いとして贈った建物だ。16 世紀のフィレンツェ・パラッツォ様式を模した麗しき館は、後年になってホテルとしての改装が行なわれた。その広大な敷地には芝生が広がり、バークシャーの美しい山並みと湖を一望することができる。
VOL.106		マンダリン オリエンタル ニューヨーク *Mandarin Oriental, New York* http://www.mandarinoriental.com/newyork/ HOTERES 2015 年 10 月 23 日号掲載	ニューヨークで、今いちばん旬のホテルであろう。ホテル内のレストラン・バーは、スノッブなニューヨーカーでいつもにぎわっている。「Mandarin Oriental New York」は、セントラルパークの南西コーナーにあるアメリカ初の円形交差点 "コロンバス・サークル"「Columbus Circle」に位置する都会的で洗練されたラグジュアリーホテルだ。巨大コンプレックス「Time Warner Center」のノースタワー内にあり、35 階から 54 階までがホテルとして占めている。客室は驚くほど現代的デザインと 1940 年代の趣を融合したエレガントなインテリアで、東洋趣味的な要素も多く採り入れられている。
VOL.107		ザ・マーク *The Mark* http://www.themarkhotel.com/ HOTERES 2015 年 11 月 13 日号掲載	ニューヨーク、アッパーイーストのメトロポリタン美術館の近く、マジソン Ave と 77th St の角にリュクスなホテルが佇んでいる。その名は「The Mark」、創業 88 年の名門ホテルだ。3 年間の全館完全リノベーションを施し、2009 年に優雅な姿で戻って来た。エッジの効いたスタイリッシュなインテリアはロウワー・マンハッタンのヒップなブティックホテルを気品よく磨き上げた雰囲気である。ロビーは、白と黒のアールデコ調のデザインで、モダンとクラシックの豪華さに目が眩むくらいだが、客室は実に繊細な印象を持つ。ザ・マークの伝統と時間を超越した優美なスタイルはアッパーイーストでも特異な存在と言える。
VOL.108		ザ ニューヨーク パレス *The New York Palace* http://www.lottenypalace.com/ HOTERES 2015 年 11 月 27 日号掲載	マンハッタンの中心、ミッドタウンに佇む "麗しき邸宅"「The New York Palace」。全米で最も著名な金融大財閥の一人、ヘンリー・ビラードが 1882 年に建設した邸宅「The Villard Mansion」を改装したのが始まりである。石造りの重厚な邸宅はホテルとして改装され「1882 Villard Houses」と命名し、55 階建てのタワー棟の建設に取りかかる。やがて 1980 年に "1882 Villard Houses" は新築したタワー棟を見事に融合させ、ホテル名を「The Helmsley Palace」として華々しくオープンした。1993 年には再び所有権が移行され、大規模なリノベーションを経て現在のニューヨークパレスに受け継がれている。

Index *World's Leading Hotels*

VOL.109		ドメーヌ レ クレイエール *Domaine Les Crayères* http://www.lescrayeres.com/ HOTERES 2015年12月11日号掲載	シャンパンの故郷であるシャンパーニュ地方のランス。そこに広大な敷地を有し優雅な姿で佇む白亜の館がある。ランスのランドマークであり、いまや伝説的ホテルと知られるシャトー "レ クレイエール"「Domaine Les Crayères」である。長い間、「Boyer Les Crayères」と呼ばれて来たシャトーは、代々ボワイエ家が受け継ぎ、長年ミシュラン3ツ星を維持して、地元では「ボワイエ」の名前で親しまれていた。数年前にボワイエ家のジェラール氏が惜しまれつつ引退し、現在はポメリー家の直系、ギャルディエニ氏率いる"Gardinier Family"が新しくオーナーに就任している。現在はRelais & Chateauxの旗艦ホテルでもある。
VOL.110		アルトホフ グランドホテル シュロス ベンスベルグ *Althoff Grandhotel* *Schloss Bensberg* http://www.lescrayeres.com/ HOTERES 2015年12月25日号掲載	ケルン郊外、ベルギッシュ・グラッドバッハの高台に中世の古城を彷彿させる堂々たるホテルが建っている。ホテルの名は "アルトホフ グランドホテル シュロス ベンスベルク"「Althoff Grandhotel Schloss Bensberg」。車で近づくと、壮麗なバロック様式の城郭に続く広大な中庭の演出により、まるで魔法に魅せられたかの様な風景のシーンに到着する。300年程前に建てられたベンスベルク城の館は、どこからでも見晴らせる丘に建ち、遠くケルンの大聖堂と街並みを一望できる。
VOL.111		フォーシーズンズ ホテル ジョルジュ サンク *Four Seasons Hotel* *George V, Paris* http://www.fourseasons.com/paris/ HOTERES 2016年1月8・15日合併号掲載	パリの数あるホテルの中で揺るぎない王道を行くホテルが「Four Seasons Hotel George V, Paris」である。パリのエレガンスを象徴しているかのようなホテルだが、ネーミングは英国王 "ジョージ5世" であり、建物を建てたのはアメリカ人という変わり種。しかし完成後はフランス人のフランソワ・デュプレーが買収し、あらゆる情熱を注いで最もフランス的なホテルに育て上げた。館内がノーブルな雰囲気に包まれているのは、至る所に配置された美術品のためで、第一級の絵画、タペストリーなどを鑑賞できる。ジョルジュサンクは美術館そのものであり、この空間にさりげなく接するぜいたくは、また格別のものと言えよう。
VOL.112		ド リューロープ アムステルダム *De L'Europe Amsterdam* http://www.deleurope.com/ HOTERES 2016年1月29日号掲載	"アムステルダムの王宮" とたたえられ、運河に面して建つ「De L'Europe Amsterdam」の姿は、さながらグリム童話に出てくる中世の城のように優雅な佇まいだ。ヴィクトリアン様式によるロマンティックな外観は、クラシックな街並みが続くアムステルダムでもひときわ目を引くランドマーク的存在である。それ故に、長崎のハウステンボスのシンボルホテルとして人気のある「Hotel Europe」は、実はこのホテルを忠実に模して建設されたものである。屈指の名門ホテルでもあるため、アムステルダム名物の運河クルーズ船に乗り、ホテルを通過する際は必ず "名所" として案内されるくらいだ。
VOL.113		インターコンチネンタル アムステル アムステルダム *InterContinental Amstel Amsterdam* http://www.ihg.com/intercontinental/ hotels/gb/en/amsterdam/ HOTERES 2016年2月12日号掲載	「Amstel Hotel」は1867年にオランダ初の "グランドホテル" として創業して以来、欧州の王侯貴族の定宿であった。世界中のセレブリティーを迎え、数々の受賞暦を誇るオランダ随一の権威と風格を持つホテルである。ホテルの正面玄関を入り、吹き抜けのロビーから上階へと続く壮麗なステアケースはまさに宮殿の趣がある。これが有名な "女王の階段" で、先々代のユリアナ女王が銀婚式をこのホテルで催した際、この階段で公式記念写真を撮ったという。ホテルは2年間クローズして完全リノベーションを施した後、1992年に再オープンし、現在はIHG傘下の「InterContinental Amstel Amsterdam」の名称である。
VOL.114		フェアモント ホテル フィア ヤーレスツァイテン *Fairmont Hotel Vier Jahreszeiten* http://www.fairmont.com/ vier-jahreszeiten-hamburg/ HOTERES 2016年2月26日号掲載	かつてハンザ同盟の盟主であったドイツ北部の都ハンブルク。市内中心部、アルスター湖畔に端正な外観を見せる白亜のホテルが建っている。ホテルの名は「Hotel Vier Jahreszeiten」。ドイツ語で "四つの季節"、つまり英語で "Four Seasons" という意味である。若き日のイサドア・シャープがこの美しきホテルに滞在し、あまりの心地よさに感銘して、いつか自分もこのような素晴らしいホテルを経営したいと心に誓った。そんなフォーシーズンズホテル誕生の原点とも言うべきエピソードを持ち、ドイツのみならずヨーロッパでも有数の名門ホテルがフィア ヤーレスツァイテンである。

※ http://www.jhrca.com/worldhotel　著者のホームページ「世界のリーディングホテル」で、Edition 1～120 迄のホテルを掲載
※ http://www.hoteresweb.com/columntop　「HOTERES WEB」業界コラムで、「世界のリーディングホテル」VOL.1～120 迄のホテルを掲載

VOL.115		ホテル マジャパヒ、スラバヤ *Hotel Majapahit, Surabaya* http://hotel-majapahit.com/ HOTERES 2016 年 3 月 11 日号掲載	黎明期に於けるアジアのホテル建設に大きな役割を果たしたサーキーズ兄弟は、東南アジアに 4 軒のコロニアルホテルを残している。シンガポールの「Raffles」を始め、ペナン島の「Eastern & Oriental」、ヤンゴンの「The Strand」、そしてスラバヤの「Majapahit」である。白亜のコロニアルホテルは 1911 年に「Oranje Hotel」として開業した。宗主国オランダのオレンジ公に因んだ名称で、ヴィクトリア様式の面影が残る外観は今も優美な姿を見せている。一時期、マンダリンオリエンタル・グループの傘下に入り、「Mandarin Oriental Hotel Majapahit」となったが現在は提携を解消し、「Hotel Majapahit, Surabaya」の名称である。
VOL.116		ザ・エルミタージュ メンテン ジャカルタ *The Hermitage Menteng Jakarta* http://www.starwoodhotels.com/tributeportfolio/property/overview/index.html?propertyID=4440&language=en_US HOTERES 2016 年 3 月 25 日号掲載	ジャカルタ中心部のビジネス・ディストリクトに近いメンテン地区に、歴史を感じさせる白亜のホテルが優雅な姿で建っている。ホテルの名は「The Hermitage Menteng Jakarta」。白壁とオレンジの瓦屋根を組み合わせたアールデコスタイルの建築で、オリジナルの建物は 1923 年にオランダの電気通信局オフィス「Telefoongebouw」として建てられた由緒あるものだ。外観はまさにコロニアルホテルを代表するスタイルだが、館内客室はモダンなインテリアを配しエレガントにまとめられ、瀟洒なブティックホテルとしての一面も持っている。
VOL.117		タージ ボストン *Taj Boston* https://taj.tajhotels.com/en-in/taj-boston/ Edition HOTERES 2016 年 4 月 8 日号掲載	「Taj Boston」、リッツ・カールトン時代の優雅さを大切に守り抜いたボストンのランドマークホテルである。1920 年代、ボストン市長から "街を代表するホテル" の依頼を受けた地元の大富豪、E・ワイナーが 1927 年にリッツ・カールトン名称使用権を獲得し「The Ritz-Carlton Boston」として誕生したのが始まりである。ホテルは大規模な改修を経て 2007 年にインド資本の「The Taj Hotels Resorts and Palaces」に買収され、現在の「Taj Boston」に呼称変更されている。"タージ" の名称となっても、緑多きボストンコモンとパブリックガーデンに映える美しき建物は今もボストン市民の誇りである。
VOL.118		マンダリン オリエンタル ボストン *Mandarin Oriental Boston* http://www.mandarinoriental.com/boston/ HOTERES 2016 年 4 月 22 日号掲載	マサチューセッツの州都ボストンはアメリカで最も古い歴史を誇る都市の一つである。どちらかと言えば保守的な気風のボストンに、まったく新しいコンテンポラリー・スタイルのホテルが誕生した。2008 年にオープンした「Mandarin Oriental, Boston」(以下、MO/B) である。ニューイングランドで唯一、AAA ファイブ ダイヤモンド賞と経済紙「フォーブス」のファイブ スター賞の両方を獲得している実力派のホテルでもある。現在、ボストンで最も魅力あるホテルとして、メディアや地元の富裕層の間で高い評価を得ている。
VOL.119		フォーシーズンズ ホテル ボストン *Four Seasons Hotel Boston* http://www.fourseasons.com/boston/ HOTERES 2016 年 5 月 13 日号掲載	マサチューセッツの州都ボストンは緑多き麗しの古都である。「Four Seasons Hotel Boston」は、ダウンタウンの顔ともいえるボストン・パブリックガーデンの南側に位置する。街並みに溶け込んだ、落ち着いた煉瓦調の外壁は公園の緑に映え、オーセンティックな王道を行くホテルと言える。館内は広いエントランスホールを確保し、黒を基調とした大理石の床と木目が美しいウッドの壁面が気品ある雰囲気を醸し出している。1985 年開業の FS/B は様々な地元メディアがトップに掲げるゴージャスなホテルである。
VOL.120		フェアモント ロイヤル ヨーク *Fairmont Royal York* http://www.fairmont.com/royal-york-toronto/ HOTERES 2016 年 5 月 27 日号掲載	「Fairmont Royal York」、まるで周囲を睥睨するような巨大なホテルである。28 階建て高さ 124m の外観はヨーロッパのシャトーを彷彿とさせる壮麗な造りで、かなり離れた場所からようやくホテル全景が見渡せる。開業当時から客室数は 1000 室以上と、実にイギリス連邦で最大級のホテルとして君臨していた。創業は 1929 年、開通したばかりのカナダ太平洋鉄道 (CPR) の駅と直結する大型ホテルとして盛大にオープンした。トロントを代表する歴史的ホテルであり、この街のランドマークとして市民に親しまれている。ホテルの目の前には豪壮なユニオン駅があり、ここは人々が行き交うターミナルのような存在でもある。

WORLD'S PRESTIGE HOTELS

ワールドプレステージホテルズ
セカイノメイモンホテル
「世界の名門ホテル」
ホテルジャーナリスト 小原康裕 渾身の写真集

2016年6月1日　第1刷発行
著　者　　小原　康裕
発行者　　太田　進
総合プロデューサー　村上　実
発行所　　株式会社オータパブリケイションズ
　　　　　〒104-0061 東京都中央区銀座4-10-16
　　　　　シグマ銀座ファーストビル3階
　　　　　電話　03-6226-2380
　　　　　http://www.ohtapub.co.jp
　　　　　info@ohtapub.co.jp

Editorial Design Gianni Hiraga
印刷・製本　富士美術印刷株式会社

© Yasuhiro Obara 2016 Printed in Japan
乱丁・落丁本は小社にてお取り替えいたします。
ISBN978-4-903721-57-6　C0052
定価はカバーに表示してあります。

〈禁無断転載〉
本書の一部または全部の複写、複製、転訳載、磁気媒体・CD-ROM・DVDへの入力等を禁じます。これらの承諾については電話03-6226-2380までご照会下さい。